로컬의 힘, 지역경제를 바꾸다

로컬의 힘, 지역경제를 바꾸다

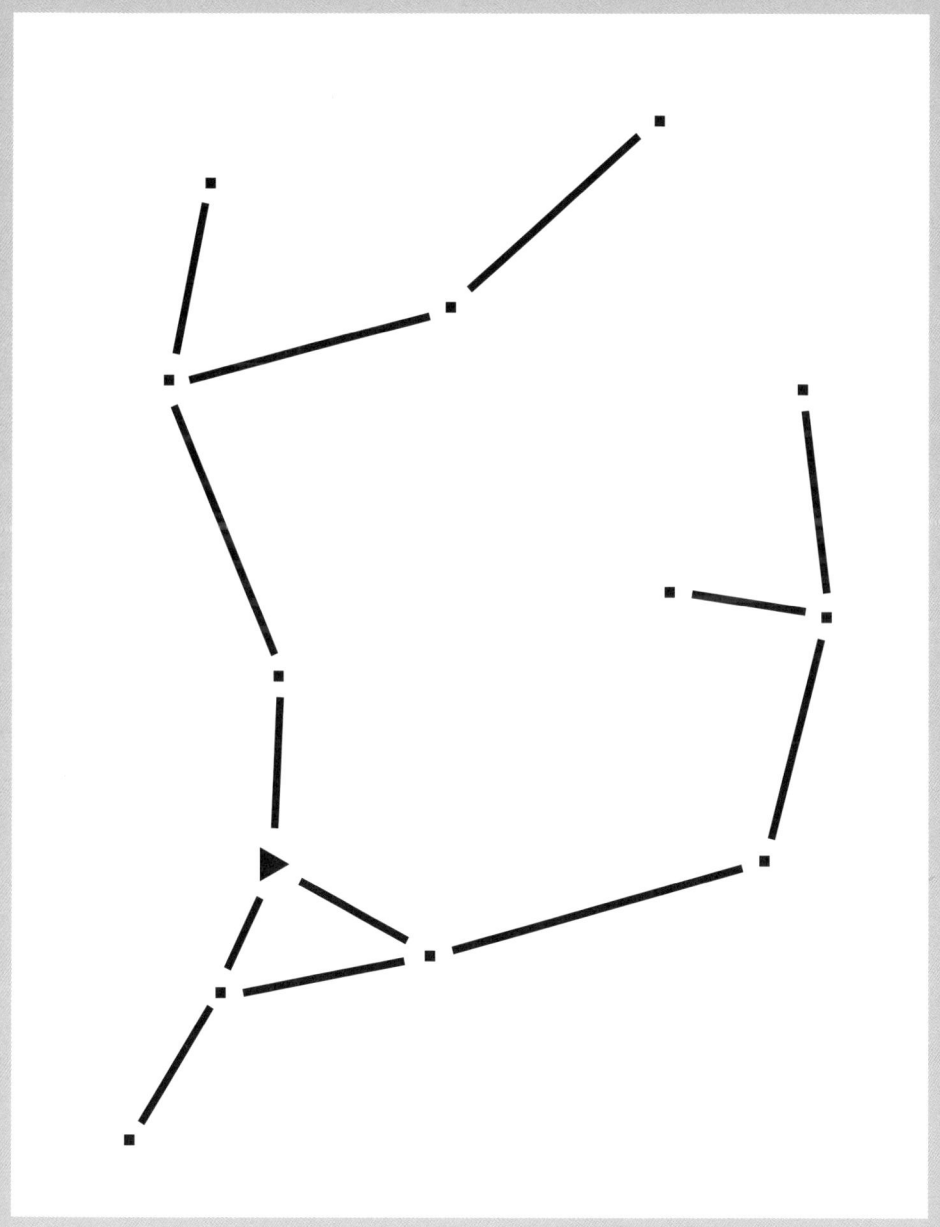

하상용의
지역 창업 생태계 실천기

돋보기

목차

머리말   9

1부 왜 지역에서 창업해야 하는가?

창업을 응원하는 이유?   17
지역 균형 발전을 위한 지역 창업의 필요성   21
시장은 지역에 있다   28
실패를 넘어 지역에서 다시 도전하다   31
소셜벤처, 지속가능한 사회혁신의 해법   37
'혁신'은 불편에 응답하는 작은 용기   40
지역과 함께하는 창업, 왜 그리고 어떻게   42

2부 지역 자산을 활용하라(광주창조경제혁신센터)

광주에서의 창업, 성공할 수 있다!   51
창조경제혁신센터 설립 취지와 10년의 성과   56
광주 창업 생태계의 유니콘 산실, 스테이-지$_{STA-G}$ 60
광주형 창업 생태계   64
글로벌 진출의 시작, 미국 CES에서   70
한 팀 천사 투자자 100명   77
지역 창업자들의 만남의 장 '광주창업포럼'   80
10년 전통의 실전창업스쿨   84
왜 창업 교육이 꼭 필요한가?   88
왜 정부나 지자체의 창업지원사업을 받아야 하는가?   92
정부 지원으로 코스닥 상장에 성공한 에스오에스랩   98

3부 빅마트 경영기

지역민들의 가처분소득을 높이자 … 105

빅마트 비전 달성을 위한 저비용운영 전략 … 110

유통업 최초, 소사장제PC, Profit Center 경영 … 114

세계 최초의 쇼핑 봉투 크리스마스트리 … 118

함께 일하는 세상, 차별 없는 직장 … 125

사랑의 절임 배추 1만 포기, 나눔의 김장 … 129

쌀이 꽃보다 아름다워 … 133

대형 쇼핑몰에 맞서는 지역 상인의 생존 전략 … 137

4부 지역 창업으로 살다

지역 특산품과의 만남: 우무숍 … 145

농산물을 팔 것인가, 브랜드를 팔 것인가: 귤메달 … 152

추억과 경험도 상품이다: 농업회사법인 주)새실 … 157

제품 개발 못지않은 네이밍의 중요성: 팩토리노멀 … 163

내가 불편한 것을 혁신하라: 쓰리잘비 … 170

기술이 돈이고, 자본이다: 아이스링커 … 176

진심과 신뢰가 회사를 키운다: 캔디옵틱스 … 182

무료에서 유료 구독 서비스로 전환하는 방법: 알잠닥터 … 187

철저하게 고객이 원하는 제품으로 성공하기: 오이 … 192

부자지간의 기술 결합으로 만든 사료: 앤텍바이오에스 … 201

감자칩을 대신할 '부각계의 프링글스'를 꿈꾸며: 부각가 … 207

5부 기묘한 도시에서 배우는 지역의 살길
– 포틀랜드의 정책 혁신

기묘한 개성이 지역을 살린다	219
책을 매개로 사람을 만나는 파웰 서점	223
지역을 상징하는 농구팀 'Rip City'	229
소상공인이 살아야 지역이 산다	235
농산물 직거래 시장, 지역을 잇는 신선한 연결고리	240
자원 재활용과 공유의 상징 재건축센터	244
'지역 상품 우선' 외치는 뉴시즌스 마켓	249
포틀랜드 사례를 통해 본 '소상공인 지원정책' 방향	254

추천사

희망의 씨앗은 지역에 있다는 말에 공감	정진욱 국회의원
지역의 새로운 가치 발견과 희망찬 미래 설계서	안도걸 국회의원
지역과 지역 사람을 살리는 마중물	고영하 전 한국엔젤투자협회 회장
지역 창업가 육성 경험과 노하우 전달	임정욱 중소벤처기업부 실장

로컬의 힘, 지역경제를 바꾸다
- 실패를 딛고 지역에서 다시 시작한 이들에게

떠나는 광주, 돌아오는 광주

"창업 성공률이 높은 광주"
10년 전부터 내가 붙들고 있던 문장입니다. 수도권으로 떠나는 청년들을 바라보며, 지역에서 일어나는 공동체의 해체를 체감하며, 나는 묻고 또 물었습니다.
"광주는 정말 청년이 떠날 수밖에 없는 도시인가?"
지역의 가장 큰 위기, 그것은 바로 일자리 부족입니다. 그 해결의 핵심은 바로 청년 창업 생태계의 구축에 있습니다.
단순한 구호는 더 이상 통하지 않습니다. "가지 마라, 광주에 남아달라"는 말은 현실 앞에서 무기력할 뿐입니다. 남으라고 하기 전에, 광주에 머물 이유를 청년들에게 만들어 주어야 합니다. 광주에 남을 명분, 남아야만 하는 가치, 청년들이 함께 살아갈 기반을 지역이 먼저 보여줘야 합니다.
청년이 남는 도시, 실패해도 다시 일어설 수 있는 도시.
나는 그런 광주를 만들고 싶었습니다.

실패를 넘어, 다시 시작한 창업가로서

나는 34세 청년 시절, 남문로 한복판에 5천만 원으로 '빅마트'를 창업해 큰 성공을 거두었지만, 이후 시장 환경 변화 속에서 쓰라린 실패를 경험했습니다. 모든 걸 잃었고, 벼랑 끝에 선 기분이었습니다. 그러나 그 실패는 오히려 나에게 새로운 길을 열어주었습니다.

"다시 시작해보자."

나는 청년 창업자들을 도우며 다시 광주를 바라보게 되었습니다. 그 과정에서 깨달았습니다. 지역은 아직 살아 있고, 청년은 가능성으로 가득 차 있다는 것을. 다만, 그들을 이끌어줄 길이 없었을 뿐이었습니다. 창업하고 싶어도 어디서부터 어떻게 시작해야 할지 몰라, 조금만 실패하면 포기하는 이들이 수두룩했습니다. 그래서 창업 생태계를 바꾸기로 마음먹었습니다. '한 사람이 다시 일어설 수 있는 도시'를 만드는 것이 곧 '모두가 희망을 품을 수 있는 도시'라는 믿음으로.

광주창조경제혁신센터에서의 도전

2021년, 나는 광주창조경제혁신센터 대표이사로 부임했습니다. 당시 광주의 창업 생태계는 전국에서 가장 부진하다는 평가를 받고 있었습니다. 센터의 비전은 명확했습니다.

'창업 성공률이 높은 광주'를 실현하자.

그것은 단순한 지원이 아니라, 실질적이고 체계적인 생태계 구축이었습니다.

나는 먼저 실전형 창업 프로그램을 확대하고, TIPS 운영사 선정을 통해 정부 기술창업 지원 체계를 갖췄습니다. 국내외 투자자들과의 연계를 강화하고, CES와 같은 글로벌 무대 진출도 추진했습니다. 이러한 노력은 광주를 다시 '도전이 가능한 도시'로 만들기 위한 기반이었습니다. 우리는 대기업이나 공공기관 유치를 통해 일자리를 만들기보다, 지역 스스로 창업을 통해 일자리를 만들 수 있어야 한다는 관점에서 접근했습니다.

창업 생태계에 필요한 네 가지 조건

나는 네 가지를 중점적으로 실현하려 했습니다.
첫째, 창업 붐 조성. 누구나 창업을 꿈꿀 수 있는 문화적 기반이 필요합니다. 창업 포럼, 창업 스쿨, 창업경진대회 등을 통해 "당신도 할 수 있다"는 사회적 분위기를 만들어야 합니다.
둘째, 시제품 제작 지원. 좋은 아이디어는 많지만, 실제 제품으로 연결되는 과정이 어렵습니다. 프로토타입을 제작하고 테스트할 수 있도록 다양한 비용을 지원해야 합니다.
셋째, 초기 투자 유치. 창업 1~2년 차, 가장 중요한 시기입니다. 이 시기에 투자받지 못하면 죽음의 계곡Death Valley에 빠지기 쉽습니다. 정부와 민간의 공동 투자 구조를 만들어야 합니다.
넷째, 창업 네트워크. 창업은 결코 혼자 할 수 없습니다. 누군가의 조언, 연대, 경험이 반드시 필요합니다. 서로 협력하고 정보를 나눌 수 있는 창업 네트워크가 핵심입니다.

로컬이 가진 진짜 힘은 '사람'에 있다

창업 생태계는 시스템도 중요하지만, 결국 사람의 이야기입니다. 나는 '실패를 전도하는 사람'이 되기로 했습니다. 내가 실패해봤기에, 다시 일어설 수 있었기에 다른 이의 도전도 응원할 수 있었습니다.

2019년, 나는 첫 자서전 『다시 일어설 용기만 있다면』을 통해 나의 실패와 재도전의 이야기를 세상에 알렸습니다. 그리고 이번에 쓰는 두 번째 책 『로컬의 힘, 지역경제를 바꾸다』는 그 이후에도 끊임없이 지역 현장에서 창업자들과 함께하며 '로컬에서 살아남는 법, 함께 살아가는 법'을 고민한 기록입니다.

다시 지역에서 시작하려는 이들에게

이 책은 단순한 창업 지침서가 아닙니다. 지역 창업 생태계가 왜 중요한지, 우리가 왜 '로컬'에 주목해야 하는지를 담은 한 사람의 실천기입니다. 그리고 이 책이 지역에서 새로운 길을 찾으려는 누군가에게 작은 용기가 되기를 바랍니다.

당신이 서 있는 그곳,
바로 거기가 로컬의 시작점입니다.
그곳에서 다시 시작할 수 있습니다.
로컬의 힘은 당신에게서 나옵니다.

2025년 여름, 광주에서
하상용

1부

왜 지역에서 창업해야 하는가?

창업을 응원하는 이유?

내가 '창업 성공률이 높은 광주!'를 끊임없이 외치는 이유는 창업 성공을 통해 광주에 양질의 일자리가 넘치기를 바라는 마음에서다. 누구나 좋은 일자리 창출을 바라지만 실제 이뤄진 사례는 별로 없어서 10년 전부터 창업을 주제로 일자리 양산을 말하고 다녔다.

과거 몇 년 전만 해도 한국 청년들의 창업에 관한 관심은 세계 최하위권이었다. 한국 청년들은 무엇보다도 안정적인 직장을 선호했다. 꼬박꼬박 월급 나오고, 아주아주 오랫동안 다니고도 정년이 보장되는 직장이 최고의 직장이었다. 이런 직장에서는 실패도 없다. 그러면 됐다. 그들에게 모험은 없었다. 실패에 대한 두려움이 너무나 컸다. 그러니 창업을 하는 건 바보 같은 짓으로 보이기도 했다.

2019년 미국 CES에서 혁신상을 받은 한국 스타트업은 7개에 불과했다. 2023년 134개, 2024년 150개인 점을 고려하면 그야말로 엄청난 발전을 이룩해 낸 것이다. 젊은이들이 창업, 특히 스타트업에 관심을 두게 된 건 너무나 뚫기 어려운 취업 때문이기도 하다. 학력이 안 좋으면 취업이 어렵고, 서울 지역 대학을 나오지 않으면 취업이 어렵고, 특별한 기술이 없으면 취업이 어렵고, 자기만의 세계에 빠져 있으면 취업이 어렵다. 온통 취업이 어려운 이유뿐이다. 이러니 취업보다는 창업에서 살길을 찾아 나선 것이다. 젊은이들의 자유로운 정신도 창업에 크게 작용했다. 요즘 젊은이들은 어떤 누구의 간섭 없이 자기만의 일을 하고 싶어 한다. 정부의 과감한 창업 지원 제도도 큰 역할을 했다. 여기에 보태서 각 지역에서 기업가정신을 고취하며 창업 생태계를 튼튼하게 만들어 가는 상황 변화도 젊은이들의 창업을 돕고 있다.

대한민국 경제는 빠르게 변화하고 있으며, 새로운 성장 동력을 찾는 것이 국가 경쟁력 유지의 핵심 과제가 되었다. 기존의 대기업 중심 경제 구조는 안정적인 일자리와 경제 성장을 견인해왔지만, 4차 산업혁명과 세계 시장의 변화 속에서 스타트업이 대한민국의 미래를 이끌어갈 핵심 동력으로 자리 잡고 있다.

스타트업은 혁신과 창의성을 기반으로 새로운 시장을 개척하는 특징을 가지고 있다. 기존 대기업이 안정적인 수익 구조를 유지하기 위해 보수적인 경영 방식을 채택하는 것과 달리, 스타트업은 도전적인 자세로 신기술을 빠르게 도입하고, 과감한 사업 모델을 시도한다. 특히 인공지능 AI, 빅데이터, 블록체인, 바이오테크와 같은 신기술 기반 산업에서 스타트업은 세계 시장에서도 경쟁력을 확보할 가능성이 크다.

또한, 스타트업은 경제 성장과 일자리 창출에도 긍정적인 영향을 미친다. 기존 산업에서는 자동화와 효율화로 인해 고용 창출이 점점 줄어드는 반면, 스타트업은 새로운 직군과 비즈니스 모델을 만들며 청년층과 혁신적인 인재들에게 새로운 기회를 제공한다.

스타트업은 창업 초기에는 소규모 인력을 운영하지만, 빠르게 성장하는 과정에서 채용 규모가 급증하는 특징이 있다. 반면 대기업은 연간

'SOS랩 코스닥 상장 축하 모임'

스타트업 생태계가 활성화하면서 국내 스타트업의 채용 규모도 점점 커지고 있다.

정기 채용과 공채 시스템을 통해 상대적으로 안정적인 규모의 인력을 채용한다.

스타트업 생태계가 활성화하면서 국내 스타트업의 채용 규모도 점점 커지고 있다. 특히 정부의 청년 스타트업 인턴 프로그램, 벤처 지원정책을 통해 젊은 인재들이 스타트업에 유입되는 사례가 늘고 있다. 또한, 스타트업은 대기업과 달리 유연한 조직 문화와 빠른 성장 기회를 제공하기 때문에, 도전적인 젊은 인재들에게 매력적인 선택지가 되고 있다.

한편, 대기업은 여전히 안정적인 고용 기회를 제공하지만, 정기 공채가 축소되고 디지털 전환 관련 직군을 중심으로 채용이 변화하고 있다. 이에 따라 스타트업이 고용 창출의 새로운 대안으로 떠오르고 있으며, 대한민국 경제의 중요한 축으로 자리 잡아 가고 있다.
궁극적으로, 스타트업은 대한민국 경제의 새로운 성장 엔진이 될 것이며, 세계 시장에서 대한민국의 경쟁력을 더욱 강화할 수 있는 중요한 기회가 될 것이다. 이제 대한민국의 미래는 혁신을 주도하는 스타트업의 손에 달려 있으며, 이를 적극적으로 육성하고 지원하는 것이 국가 경제의 지속가능한 성장을 보장하는 길이다.

지역 균형 발전을 위한 지역 창업의 필요성

이재명 더불어민주당 대표가 최근 '회복과 성장'에 대해 언급했다. 우리 사회는 수도권과 비수도권 간의 경제적 격차가 점점 더 커지며 지역경제 활성화가 중요한 국가 과제로 떠오르고 있다. 지역의 경제력을 강화하고, 자립적 성장 구조를 구축하기 위해 가장 효과적인 방안 중 하나가 바로 지역 창업의 활성화다.

지역 창업은 나 혼자 잘 먹고 잘사는 단순 구조를 뛰어넘는다. 단순한 생계형 사업을 넘어서, 지역의 강점과 자원을 기반으로 새로운 산업을 만들어내고 기존 산업을 혁신하는 힘을 가지고 있다. 특히 지역의 전통산업이나 1차산업은 오랜 세월 동안 경제를 지탱해왔지만, 경쟁력 약화와 고령화, 기술 낙후 등의 문제에 직면해 있다. 이때 창업은 지역 산업을 현대화하고, 지역 특화 신산업으로 재편하는 중요한 촉매 역할을 한다. 이외에도 창업을 통해 지역에서 얻는 이익은 대단히 크다.

첫째, 지역 창업은 지역 내 고용을 창출하고 청년 인구 유출을 방지한다. 서울과 경기를 제외한 대부분 지역에서 가장 큰 문제는 일자리 부족이다.

심지어 우리나라 전통 제조업의 중심지였던 울산과 포항 같은 도시마저도 최근 몇 년 사이 청년들이 떠나는 도시로 전락하고 있다. 그야말로 젊은이들이 빠져나가는 상황이 너무나 심각해서 지역마다 아우성친다.

울산의 경우만 보더라도 문제는 심각하다. 조선·자동차·석유화학이라는 굵직한 산업을 보유하고 있지만, 이들 산업은 점점 자동화와 외주화로 신규 채용 여력이 줄어들고 있다. 그 결과 청년들이 선호하는 창의적이고 유연한 일자리는 부족하다. 이런 이유로 많은 젊은이가 수도권이나 해외로 빠져나가고 있다. 그러나 이런 흐름을 반전시키는 움직임도 있다. 바로 로컬 창업을 통해 청년들이 지역에 머물며 자신의 길을 개척하는 사례들이다.

사례: 경북 성주 '하늘목장 팜 0311' – 체험형 농장 창업

성주군 벽진면의 방치된 옛 목장 부지를 활용하여 청년 5명이 창업한 체험형 농장이다. 농산물 생산, 가공, 판매, 체험학습을 연계한 '캠프닉(캠핑+피크닉)' 공간으로 재탄생시켰다. 2020년 방문객 1만 5천 명, 매출 1억 2천만 원에서 시작하여 2022년에는 방문객 8만 명, 매출 7억 원을 달성하는 등 빠른 성장세를 보였다.

하늘목장만의 경쟁력과 성공 요인은 다양한 이용시설과 월별·계절별로 개최되는 행사, 체험 콘텐츠를 꼽을 수 있다. 13만2,000㎡(약 4만 평) 규모로 밀밭을 일궈 직접 디자인한 텐트를 설치하고 카페도 지었다. 텐트에서 숙박은 할 수 없지만, 오전 11시부터 오후 8시까지 머물다 갈 수 있다. 또 지역 농산물로 꾸려진 먹거리 키트도 판매한다.

4월에는 쑥과 나물 뜯기 행사, 5월 밀밭 촌캉스, 9월 꽃밭 촌캉스, 10월 핼러윈 축제, 11월 농촌 팜파티를 열고 매월 포레스트 걷기대회, 플리마켓 등 다양한 행사로 볼거리와 먹거리, 즐길 거리를 제공한다. 체험행사도 다양하다. 직접 재배한 토마토와 지역에서 생산하는 농산물을 활용해 쿠키, 토마토피자, 토마토 백숙을 직접 만들어보고, 동물 먹이 주기 체험도 가능해 20~30대 젊은 층과 가족 단위 고객들에게 다시 찾고 싶은 장소로 손꼽힌다.

사례: 지리산소멸단 – 소멸을 막기 위해 스스로 불을 지핀 청년들

지방소멸. 많은 사람이 이 단어를 신문 기사나 통계 속에서만 본다. 하지만 시골에서 살아본 이들은 그것이 피부에 와닿는, 너무도 현실적인 문제라는 것을 안다.
내가 주목한 곳, 경남 하동 역시 그러했다. 아름다운 산과 강, 자연과 전통을 품은 고장이지만, 젊은이들이 떠난 자리는 공터가 되고 폐가가 되고 있었다. 그런데 어느 날, 이곳에 아주 특별한 이름을 내건 청년들이 나타났다. 그들은 자신을 스스로 '지리산소멸단'이라 불렀다.
처음엔 그 이름이 다소 충격적으로 들렸다. '소멸단'이라니. 하지만 알고 보니, 그 안엔 오히려 간절함이 담겨 있었다. 청년들이 모여 하동의 현실을 마주하고, 소멸의 위기에 있는 이 땅에 정착의 불씨를 지피겠다는 의지의 표현이었다.
서울에서 또는 하동에서 나고 자란 이들이 모여 만든 이 공동체는 단순한 친목을 넘어, 실제 지역 문제를 고민하고 실천하는 조직이 되었다.

'카페 하동', '달달하동', '반달곰상회' 같은 지역 상표를 만들고, 도넛과 빵, 커피를 팔며 생계를 꾸렸다. 거기에 그치지 않고, 지역 청소년을 위한 교육 프로그램, 팝업 전시, 공유 사무실도 운영하며 지역 사람들과 관계 맺는 일에 힘을 쏟았다. 그들의 말이 기억에 남는다. "지원사업도 좋지만, 그게 끝나면 활력도 줄어들잖아요. 그래서 스스로 지속가능한 구조를 고민하게 됐어요. 그냥 친목회가 아니라 진짜 지역에서 문제를 해결할 수 있는 팀이 되고 싶었어요."
'소멸'을 역설적으로 내건 이들의 이름은, 오히려 소멸을 막기 위한 불꽃이었다. 그 불씨는 지금도 하동이라는 작은 마을 안에서 번지고 있고, 더 나아가 다른 지역에도 적용할 수 있는 모델이 될 수 있다는 희망을 심고 있다.

나는 이들이 만든 변화가 단순한 창업 성공 사례가 아니라, 지역과 함께 살아가는 창업, 기본사회로 나아가는 모델이라고 믿는다. 이처럼 진심과 실천이 어우러진 창업만이 지역을 살리고, 청년을 붙잡고, 대한민국의 균형 발전을 이끌 수 있다.
창업 기업들은 기존 대기업이 해결하지 못했던 지역 맞춤형 시장을 개척하며, 소규모지만 질적으로 의미 있는 일자리를 제공한다. 결국 청년의 '떠남'을 막는 가장 강력한 해법은, 머무를 수 있는 일과 삶의 기회를 주는 것이다. 그 시작이 바로 지역에서의 창업이다.

둘째, 지역에서 창출된 부가가치가 외부로 유출되지 않고 지역 내에서 순환된다. 많은 지역의 경제 구조는 여전히 수도권 대기업이나 외부 유통망에 크게 의존하고 있다. 지역에서 생산한 상품이나 자원은 외부 자본에 의해 수거되고, 그에 따른 이익은 다시 수도권 본사로 흘러가는 경우가 많다. 이런 구조에서는 아무리 지역이 생산을 늘려도, 정작 지역 주민이 얻는 경제적 혜택은 제한적일 수밖에 없다.
그러나 창업이 활성화하면 지역 내에서 생산, 가공, 유통, 소비까지 이어지는 구조가 만들어질 수 있고, 이에 따라 지역에서 발생한 부가가치가 외부로 유출되지 않고 지역 안에서 순환되며 축적되는 선순환 모델이 가능해진다.

사례: 부가가치는 머물러야 힘이 된다 – 완주군에서 배운 것

내가 지역 창업과 경제 순환에 대해 진지하게 고민하게 된 계기 중 하나는 전북 완주군의 로컬 푸드 운동을 접했을 때였다. 완주는 우리나라에서도 비교적 일찍부터 지역 내 생산과 소비의 선순환 구조를 실험하고 실현해낸 곳이다.
완주의 구조는 단순했다. 지역 농민이 친환경 농산물을 재배하고, 그 농산물을 지역 내 작은 가공업체들이 가공한다. 이 제품들을 지역 유통망을 통해 공급하고, 학교 급식이나 마을 장터, 로컬 푸드 직매장을 통해 소비자에게 전달한다.
이 일련의 과정이 모두 지역 안에서 이뤄지는 것이다. 나는 이 구조를 보며 중요한 사실 하나를 깨달았다. 바로 "부가가치는 이동보다 머무름에 의미가 있다"는 점이다.
'내가 아는 사람이 기른 채소', '아이들이 먹는 급식에 들어간 고추장', '마을회관에서 배운 김치 담그기'가 모두 이어지는 따뜻한 경제 구조가 만들어지는 것이다. 이런 선순환 구조는 단순히 경제적 의미를 넘는다. 그 안에는 신뢰, 자부심, 공동체 정신이 자란다.

많은 지역에서는 애써 생산한 농산물이나 상품이 결국 대형 유통업체를 통해 수도권으로 빠져나가고, 수익은 본사로 돌아간다. 지역은 일만 하고, 돈은 떠나는 구조다. 그러나 완주는 달랐다. 생산에서 소비까지 지역 안에서 이뤄지니, 돈이 지역을 한 바퀴 더 돌고 나서야 밖으로 나간다. 그 안에서 일자리도 생기고, 공동체도 활성화한다.

지역 안에서 발생한 부가가치가 지역 밖으로 유출되지 않고, 그 지역에 뿌리내리고 다시 씨앗이 되는 것. 이것이야말로 내가 꿈꾸는 '기본사회'의 중요한 한 축이라 믿는다. 지역 경제를 다시 살리려면, 수도권처럼 크고 빠른 것을 흉내 내는 것이 아니라, 지역 안에서 작지만 단단한 생태계를 만드는 것부터 시작해야 한다.

셋째, 지역 산업의 경쟁력을 강화하고 신산업 발전을 촉진한다. 창업은 단순한 생계형 사업을 넘어, 지역의 강점을 살린 신산업을 발전시키는 데 중요한 역할을 한다. 예를 들어, 광주지역에는 인공지능을 기반으로 헬스케어, 바이오산업 같은 신산업이 발전할 수 있다. 이에 따라 광주와 접한 전남 농업 기반 지역에서는 스마트 농업, 친환경 바이오 기술과 연계한 창업이 가능하다. 관광지에서는 문화 콘텐츠 및 관광 관련 스타트업으로 특화하며 지역 경제에 활력을 불어넣을 수 있다. 또한, 창업은 지역 대학·연구기관과 협력하여 기술 기반의 혁신 산업을 창출하는 역할도 할 수 있다.

이처럼 창업은 지역 산업을 수동적으로 보존하는 것이 아니라, 능동적으로 재구성하고 혁신하는 도구가 된다. 창업자들은 지역 고유의 자원을 새로운 시선으로 바라보고, 기술과 콘텐츠를 결합하여 경쟁력 있는 산업 모델을 만들어낸다. 결국 지역 창업은 단지 작은 사업 하나를 여는 것이 아니라, 지역 산업의 미래를 새롭게 설계하는 일이기도 하다.

넷째, 자생적 경제 구조를 형성하고 지역 공동체를 활성화한다. 지역 창업이 활성화하면, 지역 경제는 외부 기업의 영향을 덜 받고, 지역 주민들이 스스로 경제적 가치를 창출할 수 있는 구조를 만들 수 있다. 또한, 창업 기업들은 지역 공동체와 긴밀히 협력하면서 지역 고유의 문화와 정체성을 기반으로 한 경제 모델을 구축할 수 있다. 이는 단순한 경제적 효과를 넘어, 지역사회의 연대감을 높이고 주민들의 삶의 질을 향상하는 결과로 이어진다.

마지막으로, 정부 및 지자체의 지원과 연계하여 지속가능한 성장 모델을 만들 수 있다. 정부와 지방자치단체는 창업을 촉진하기 위해 창업 지원금, 창업 보육 센터 운영, 실증정책, 투자 펀드 조성 등 다양한 정책을 추진하고 있다. 지역 창업이 활성화하면, 이러한 지원책과 연계하여 이전보다 효과적인 창업 생태계를 조성할 수 있다. 특히 인공지능AI, 디지털 전환, 친환경 산업, 지능형도시 등 국가 차원의 신성장 동력과 연결하면, 지역 창업 기업이 국제 경쟁력을 갖춘 기업으로 성장할 가능성도 충분하다.

지역 창업 활성화는 단순히 경제적 성장의 문제가 아니다. 이는 지역의 지속가능한 미래를 위한 필수적인 전략이며, 지역 내 자립적 경제 구조를 만드는 데 핵심적인 역할을 한다. 창업을 통해 지역 경제를 활성화하고, 인구 유출을 방지하며, 지역의 강점을 살린 산업을 육성하는 것이야말로 진정한 균형 발전의 출발점이 될 것이다. 지금이야말로 지역 창업에 대한 지원과 관심을 더욱 확대해야 할 때다.

시장은 지역에 있다

창업하려면 지역사회와 함께 성장하는 정확한 비전을 수립해야 한다. 창업에서 무엇보다 중요한 것이 경영자가 지향하고, 임직원이 함께하며, 지역 주민의 의견도 아우를 수 있는 비전을 만드는 일이다. 비전은 사업체가 나아가야 할 방향이다. 축구선수는 상대편 골대를 향해서 공을 찬다. 이때 '상대편 골대'가 바로 비전이다. 중앙선에서 상대편 골대를 향해 공을 찰 때 거기에 갈 수도 있지만, 골대에 훨씬 못 미칠 수도 있다. 골대에 미치지 못하는 공도 상대편 골대에 더욱 가깝게 가는 것만큼은 확실하다. 하지만 축구선수가 자기 골대에 공을 차면 영원히 골을 넣을 수 없다. 상대편 공대라는 비전을 세우지 못하고 비전 없이 마구 공을 찼기 때문이다. 비전이 없으면 절대 이길 수 없다.

내가 자본금 5,000만 원으로 대형 창고형 할인점인 빅마트를 창업했던 1995년, 한국의 대형마트 산업은 막 태동하는 단계였다. 미국과 일본의 사례를 볼 때 향후 대기업의 대형 창고형 할인점 시장진출은 불을 보듯 뻔하게 예측할 수 있었다. 대기업이 이 시장에 진출한다면, 그들과의 격렬한 경쟁이 불가피했다. 광주 남구 주월동에 첫 매장 문을 열자마자 광주·전남 도소매 업계에 혁신적인 변화가 일어났다. 빅마트는 소매상들이 납품받는 가격보다 저렴한 가격 정책과 다양한 상품 구색을 갖췄을 뿐만 아니라, 장애인과 어르신들에게 일자리를 제공하고, 지역 상품을 우선 구매하는 등 다양한 사회적 가치를 실현하는 시도를 감행했다.

"전 국민의 가처분소득 증대를 위해 좋은 상품을 가장 싸게 제공한다." 빅마트가 처음부터 세워놓은 비전이다. 빅마트는 작다면 작고, 크다면 엄청나게 큰 비전을 바탕으로 지역사회와 함께했다. 대표이사인 나를 비롯한 열정적인 임직원들은 빅마트의 비전과 경영 전략을 공유하며 실천했다. 지역민들은 빅마트를 사랑했다. 아이들에게는 엄마 손을 잡고 맛있는 과자를 사러 가는 곳이었고, 부모들에게는 가족과의 저녁 식사를 기대하며 장을 보는 곳이었다. 그 결과 빅마트는 대기업과의 치열한 경쟁 속에서도 지역 기반 향토기업으로 자리 잡았다. 당시 빅마트는 매출 2,000여억 원, 거래처 1,000여 곳, 근로자 3,000여 명을 기록하며 전국 할인점 순위 7위에 오르기도 했다.

지역을 살리는 기업의 가치를 만들어야 생존한다. 소비자가 가격만을 기준으로 소비한다고 생각하는 경영자가 많다. 하지만 가격이 다는 아니다. 소비자들은 가격과 함께 많은 요소를 비교하고 평가한다. 그중에 가격이 많은 요소를 차지하긴 하지만, 가격 이상으로 기업이 추구하는 특별한 가치를 중요하게 여기는 소비자도 적지 않다는 걸 명심해야 한다. 지역 기반의 지역 창업자들은 지역에 더 집중해서 지역에서 무엇을 할 수 있는지부터 살펴봐야 한다.

'좋은 상품을 가장 싸게 제공한다'는 명확한 빅마트의 핵심 비전은 지역 소비자들의 신뢰를 빠르게 얻었다. 처음 보는 창고형 대형 매장에서 산더미처럼 쌓인 상품들을 보며 소비자들은 '가성비 끝판왕'이라는 표현을 떠올렸다. 이는 당시 전통시장과 백화점 위주였던 지역 유통업계에 큰 반향을 일으켰다.

대기업 경쟁사의 물량 공세에 맞서기 위해 빅마트는 가격 전략뿐만 아니라 지역 소비자들을 위한 서비스에서도 혁신을 시도했다. 오늘날에는 흔한 서비스가 되었지만, 당시 '주문하면 2시간 내 배송'은 그 어떤 유통업체도 시도하지 못했던 도전이었다. 또한, 쇼핑 봉투 유료화를 통한 자원 절약 정책을 비롯해 장애인 채용, 실버 주차 도우미 채용, 경력단절 여성 채용, 과감한 권한 이양을 위한 팀제 운용 등 다양한 혁신적인 사례를 선보이며 경쟁력을 확보하고 시민들의 사랑을 받았다.

지역사회를 널리 알리는 것도 지역 창업자가 고민해야 하는 부분이다. 빅마트는 지역 유통업체 최초로 중국 선양에 대형 매장과 식당을 오픈하며 세계 시장 진출에도 도전했다. 또한, 지역의 자랑거리를 널리 알리고자 월간 문화잡지 '전라도닷컴'을 창간하고, 지역 소식을 전하는 '일간 광주드림(현 드림투데이)'을 발행했다.

지역 창업자는 지역사회의 문제와 밀접한 관계를 유지해야 한다. 빅마트가 경영난을 겪으며 매각을 준비하자 여러 유통업체가 인수 제안을 해왔지만, 나는 롯데그룹에 매각을 결정하며 두 가지 원칙을 고집했다. 첫 번째가 3,000여 명 전 직원의 고용 승계이고, 또 하나는 1,000곳에 이르는 협력업체와의 3년간 물품 납품 유지다. 이는 단순한 기업 매각이 아니라, 함께 성장해온 직원들과 협력업체들을 보호하기 위한 나의 마지막 책임이었다. 빅마트는 비록 대기업에 인수되었지만, 그 철학과 가치는 여전히 많은 이들에게 기억되고 있다.

실패를 넘어 지역에서 다시 도전하다

실패는 당신만의 책임이 아니다. 사실, 실패는 두렵다. 누구나 실패를 두려워한다. 실패라는 말은 기업 창업자에게 사업을 할까 말까 망설이는 가장 무서운 낭떠러지이기도 하다. 그렇다고 그 낭떠러지 앞에서 언제까지나 망설여서는 결코 창업할 수 없다. 낭떠러지에 새로운 다리를 놓고 건너갈 각오가 서야 한다.

실패가 두려운 이유는, 실패가 단순히 자기 잘못 때문에 생긴 결과가 아니기 때문이다. 도로변에 있는 주유소를 보자. 주유소는 도로변에 있으면 그다지 실패가 없는 영업이다. 유가 변동이 있다고 해도 주유소 주유비는 여기가 거기고 거기가 거기다. 주유소 사장이 기름값을 터무니없이 받으면 몰라도 가격 차이가 그리 크지 않으면 차에 기름 떨어질 때쯤이면 기름을 넣어야 한다. 사업을 망할 이유가 없다.

그런데 국가 정책으로 넓은 도로가 새로 개설되고, 주유소가 있는 도로가 사람이 걸어 다니는 도로로 변하면 그 도로변에 있는 주유소는 몰락할 수밖에 없다. 이게 주유소 사장이 잘못해서 생긴 실패인가? 아니다. 주유소 사장은 열심히 휘발유와 경유를 자동차에 주유한 죄밖에 없다.

그런데도 사업은 몰락의 길을 걸어야 한다. 주유소 사장으로서는 이게 가장 두려운 일이다.

주유소 사업을 하시는 분들에게 요즘처럼 불안한 날도 없을 듯하다. 휘발유나 경유를 쓰는 내연기관차들이 점점 줄고 전기나 수소 같은 다른 에너지원을 사용하는 차들이 늘어나기 때문이다. 언제까지 화석연료를 쓰는 차가 거리를 다닐까? 이제는 세계사의 전환까지도 읽어내야 하니 주유소업도 고민이 늘 수밖에 없다. 이런 주유소 흥망성쇠를 살펴본다면, 이제 어느 사업이든 주변 환경은 물론 세계 과학과 정치, 경제까지 다 읽어야 실패를 면할 수 있다는 결론밖에 나오지 않는다. 사실, 사업이 참 쉽지 않다.

2019년, 나는 실패박람회 홍보대사로 위촉됐다. 이 소식을 처음 들었을 때, 솔직히 망설였다. 대표적인 실패자로서 전국에 얼굴을 알리는 게 유쾌한 일은 아니지 않은가. 하지만 실패박람회 홍보대사는 한편으로는 내게 기회이기도 했다. 이 기회를 어떻게 받아들일지 고민하던 중, 가족들과 상의해 보기로 했다.

"얘들아, 아빠에게 '실패박람회 홍보대사'라는 걸 해 달라는 요청이 왔는데 어떻게 생각하니?"

아이들은 의아한 표정을 지으며 물었다. "그게 뭔데요?"

나는 천천히 설명해 주었다. "세상에는 성공한 사람들도 많지만, 사업뿐만 아니라 각자의 자리에서 성공을 이루었다가도 여러 가지 이유로 실패를 경험한 사람들이 훨씬 많겠지? 이분들에게 위로와 격려를 전하며, 다시 일어설 수 있는 용기를 주기 위해 정부 차원에서 진행하는 행사야. 아빠도 사업의 성공과 실패를 겪으며 다시 일어선 경험이 있잖아. 그 사례를 나누는 거지. 어떻게 생각하니?"

의외로 가족들은 적극적인 반응을 보였다.
"아빠, 멋있는데요? 엄청나게 의미도 있고요. '실패에 좌절하지 말고 성공을 일구어야 한다'는 아빠의 평소 생각과도 일치하니 정말 좋아요."
그 말을 듣는 순간, 나는 결심했다. 내 경험이 누군가에게 작은 희망이라도 될 수 있다면, 기꺼이 나서야겠다고. 그렇게 나는 대한민국의 대표적인 실패자로 자리매김하게 되었다.

실패박람회는 미국 실리콘밸리에서 시작된 '페일콘Fail Con'과 유사한 행사로, 실패를 학습 과정으로 받아들이고 재도전을 장려하는 취지에서 마련된 자리다. 미국을 비롯한 여러 창업 선진국에서는 이미 창업가와 투자자, 개발자들이 모여 실패 경험을 공유하고 네트워킹을 통해 혁신적인 아이디어를 교환하는 문화가 자리 잡았다.
대한민국의 실패박람회는 행정안전부와 중소벤처기업부가 공동으로 주최하는 행사로, 2018년부터 시작되었다. 이 행사는 창업자뿐만 아니라, 인생 전반에서 실패를 경험한 모든 사람을 대상으로 한다. 실패에 대한 부정적인 인식을 개선하고, 재도전을 장려하는 사회적 분위기를 조성하는 것이 목표다.
행사에서는 정책 토론, 재도전 지원, 문화공연, 전시·체험 프로그램 등이 진행된다. 실패 사례를 공유하는 콘퍼런스, 재도전 기업인들의 경험담, 그리고 실패를 주제로 한 다양한 전시와 공연도 마련된다. 무엇보다 중요한 것은, 실패를 단순한 좌절로 남기는 것이 아니라, 실패를 성장의 발판으로 삼을 수 있도록 돕는다는 점이다.

나와 함께 실패박람회 홍보대사로 선정된 인물들은 다양한 분야에서 실패를 극복한 이들이었다. 전 야구선수 최희섭은 선수로서 부침을 겪으며 성공적으로 재기한 사례였고, 개그맨 송준근은 개그계에서 수많은 시행착오 끝에 다시 자리 잡은 인물이었다. 이렇게 사업가, 개그맨, 운동선수, 배우 등 다양한 직종에서 실패를 경험한 사람들이 홍보대사가 되어, 자신의 이야기를 통해 국민에게 실패를 긍정적으로 인식하는 문화를 확산시키는 역할을 맡았다.

아직도 나는 실패와 재기의 상징으로 최희섭 선수를 기억한다. 최희섭 선수는 광주 출신으로, 고려대를 거쳐 2000년 한국인 최초로 미국 메이저리그MLB에 진출한 야구선수다. LA 다저스와 디트로이트 타이거스 등에서 활동하며 화제를 모았으나, 부상과 슬럼프, 현지 적응의 어려움으로 인해 기대만큼의 성과를 내지 못했다.
국내 복귀 후 KIA 타이거즈에서 활동했지만, 경기중 뇌진탕을 당하는 등 잦은 부상과 기복 있는 경기력으로 인해 팬들의 기대에 부응하지 못했고, 이에 따라 언론과 팬들의 날 선 비판에 직면하기도 했다. 선수 본인에게는 심리적 압박과 자기 회의, '실패자'라는 낙인이 깊게 각인된 시간이었다. 최희섭 선수는 시련 속에서도 끝까지 포기하지 않고 재기를 위해 노력했다. 꾸준한 재활과 훈련을 통해 야구구단에 복귀했고, 무엇보다 야구 외적으로 청소년 대상 멘토링 활동, 야구 해설, 지역사회 기부 활동 등 다양한 방식으로 제2의 삶을 설계하며 자신만의 길을 만들어 갔다. 그는 "과거 선수 시절 약 1만 번의 타석에서 7천 번이 넘게 실패했다. 실패는 누구에게나 올 수 있으며, 그것이 끝이 아님을 알려주고 싶다."고 말하며, 본인의 경험을 솔직하게 나누었다. 특히 꿈을 향해 도전하는 청년들과 학생들에게 실패를 두려워하지 말라는 메시지를 강조했다.

홍보대사로서 전국을 돌며 다양한 행사에 참여했다. '다시 일어설 용기만

2019 실패박람회 특강

실패는 당신만의 책임이 아니다. 사실, 실패는 두렵다. 하지만 실패 앞에서 언제까지나 망설여서는 결코 창업할 수 없다. 낭떠러지에 새로운 다리를 놓고 건너갈 각오가 서야 한다.

있다면'이라는 주제로 강연을 진행하며, 수많은 실패자를 만났다. 그들의 아픔을 듣고 위로하며, 다시 도전할 수 있도록 용기를 북돋는 시간이 이어졌다. 실패한 경험을 부끄러워하기보다, 실패를 성장의 기회로 삼을 수 있도록 돕는 것이 내 역할이었다.

이 활동은 단순한 홍보대사 역할을 넘어, 내 인생에서도 중요한 전환점이 되었다. 실패를 경험한 많은 사람들과 소통하면서, 나는 오히려 더 큰 용기를 얻었고, 나 자신도 더욱 단단해질 수 있었다. 그리고 이 경험은 지금까지 내 이력 중 가장 자랑스러운 일이 되었다.

실패는 끝이 아니다. 실패는 새로운 시작이다. 나는 그 시작을 돕는 사람이 되었다.

소셜벤처, 지속가능한 사회혁신의 해법

"좋은 일을 하면서도 수익을 낼 수 있다면 얼마나 좋을까?"
이 질문에 대한 답이 바로 소셜벤처다. 창업은 돈도 벌고, 세상도 바꿀 수 있다. 소셜벤처Social Venture는 사회 문제를 해결하려는 목적이 있으면서도, 일반 기업처럼 지속할 수 있는 수익 모델을 운영하는 창업 형태다. 예를 들어, 발달장애인이 비누를 직접 만들고 포장하는 사회적기업 '동구밭', 휠체어 사용자도 갈 수 있는 여행 코스를 안내하는 '무의', 폐플라스틱을 예술 작품과 교육 콘텐츠로 재활용하는 '코끼리공장' 같은 기업들이 모두 소셜벤처에 해당한다.
이들의 공통점은 단 하나다. '사회가 외면하거나 미처 해결하지 못한 문제를 진지하게 들여다보고, 이를 해결하기 위해 창업이라는 방식으로 행동했다'는 점이다. 전통적인 사회복지 방식은 공공기관이나 비영리단체 중심이었고, 정부 보조금에 의존해왔다. 반면 소셜벤처는 시장 안에서 자립할 수 있는 수익 모델을 갖추고 '지속가능한 혁신'을 지향한다.

'소셜벤처'와 '사회적기업'은 모두 사회 문제를 해결하고자 하는 기업 형태라는 공통점을 가지고 있다. 하지만 두 개념은 분명한 차이가 있다. 사회적기업은 고용노동부의 인증을 받아야 하며, 법률로 정해진 요건을 충족해야 한다. 주로 취약계층에 일자리를 제공하거나, 공익적인 서비스를 공급하는 역할에 초점이 맞춰져 있다. 정부로부터 일정한 지원을 받는 대신, 운영과 목적이 법적으로 규정된 형태다.

반면 소셜벤처는 법적으로 명확히 규정된 형태는 아니지만, 사회 문제를 창의적인 방식으로 해결하면서도 수익을 창출하는 혁신적인 기업을 말한다. 기술 창업, 플랫폼 창업, 서비스 창업 등 다양한 형태로 나타나며, 스타트업의 성격을 가진 경우가 많다. 간단히 말해, 사회적기업이 공익성을 제도적으로 보장받는 형태라면, 소셜벤처는 공익과 수익을 민간 방식으로 조화시키는 창업이다.

청년실업, 고령화, 지역소멸, 환경파괴, 정보격차, 장애인 고용…. 정부가 아무리 나서도 해결할 수 없고, 오히려 풍선처럼 이곳 막으면 저곳에서 터지고 저곳 막으면 다시 또 다른 곳에서 터지는 문제들이 얼마나 많은가. 정책자금을 투자한다고 해도 핵심을 찌르지 않으면 정책자금만 사라질 뿐 문제는 고스란히 남는다. 기존 시스템은 처방전이 될 수 없다. 오늘날 사회는 점점 복잡해지고, 기존 시스템으로는 해결하기 어려운 문제가 넘쳐나고 있다. 새로운 대안이 필요하다.

이런 문제는 공공 부문만으로는 해결할 수 없다. 바로 이 지점에서 민간의 창의성과 시장의 역동성을 가진 소셜벤처가 필요하다. 사회적 의미가 있는 제품이나 서비스를 선택하는 소비자가 급격히 늘고 있다. 실제로 MZ세대를 중심으로 '가치소비'가 보편화하고 있다. MZ세대는 조금 불편하더라도, 조금 더 가격을 지급하더라도 다른 사람을 위해서,

공동체를 위해서 가치를 중요시하는 소비를 지향한다. 이처럼 "착한 소비"는 이미 새로운 시장이 되었고, 소셜벤처는 이 흐름에서 가장 주목받는 창업 영역 중 하나다.

소셜벤처는 단지 '착한 기업'이 아니다. 수익을 내지 못하면 지속되지 못하고, 사회적 가치를 실현하지 않으면 브랜드의 존재 이유가 사라진다. 이 두 가지 사이에서 균형을 잡아야 해서, 소셜벤처 창업가는 누구보다도 현실감각과 문제해결 능력, 공감력과 사업 역량을 동시에 갖춘 사람이 되어야 한다. 하지만 바로 그래서, 세상을 바꾸고 싶은 마음과 실천 의지를 가진 창업자들에게 소셜벤처는 가장 멋지고 강력한 창업 방식이 될 수 있다.

진짜 혁신의 기회는 누군가의 불편함, 소외된 목소리, 우리가 지나쳤던 일상의 문제들 속에 숨어 있다. 사회에서 일어나는 문제와 해결책을 발견하고 행동으로 옮기는 당신이, 세상을 바꾸는 다음 소셜벤처 창업자가 될 수 있다.

'혁신'은 불편에 응답하는 작은 용기

창업자에게 '혁신'이란 무엇일까? 많은 사람이 '혁신'이라는 단어 앞에서 먼저 떠올리는 것은 화려한 기술이나 세계를 놀라게 할 발명이다. 물론 새로운 기술이나 발명도 혁신이지만 창업 현장에서 마주하는 혁신은 조금 다르다. 혁신은 꼭 대단한 기술이 아니라, 일상 속의 불편을 발견하고, 그것을 더 나은 방식으로 해결하려는 실천에서 시작된다. 어느 날, 한 청년 창업자는 휠체어를 탄 친구와 함께 여행을 떠났다가 예상치 못한 수많은 장벽에 부딪혔다. 엘리베이터가 없는 역사, 입구 턱이 높은 맛집, 장애인 화장실이 없는 카페가 너무 많았다. 휠체어를 탄 친구는 그 앞에서 크게 좌절했다. 청년 창업자 역시 친구와 함께 이동하기가 너무 힘들었다. 청년 창업자는 그날의 불편함을 "이건 왜 여전히 이럴까?"라는 질문으로 바꿨고, 그 질문은 곧 '무의Mui'라는 무장애 여행 스타트업으로 이어졌다.

'무의'는 휠체어나 유모차 사용자도 안심하고 떠날 수 있는 여행지를 발굴하고, 그 정보를 누구나 쉽게 찾을 수 있도록 정리하여 공유한다. 휠체어 사용자, 고령자, 임산부 등 이동에 제약이 있는 사람들의 삶을 확장하는 이 서비스는 단순한 여행 콘텐츠를 넘어선 사회적 혁신이다.
또 다른 사례도 있다. '동구밭'은 발달장애인들이 일상에서 존중받는 삶을 살기 어렵다는 현실을 바꿔보고자 시작된 비누 브랜드다. 이들은 발달장애인을 단순한 보호 대상이 아니라, 생산 과정에 직접 참여하는 '생산자'로 세워놓았다. 천연 비누를 직접 만들고, 포장하며, 고객과 소통하는 과정을 통해 이들은 '일하는 사람'으로서 사회와 연결되기 시작했다.
'장애인을 고용한 기업'이 아닌, '장애인과 함께 만드는 브랜드'라는 새로운 관점을 보여준 이 기업의 접근은 전통적인 고용·복지의 틀을 깨는 사회적 혁신의 좋은 예시다.

창업하는 사람들마다 혁신을 부르짖는데 혁신의 방향을 잘 찾아야 한다. 내가 목격한 바로는 창업자들에게 중요한 건 기술보다 관찰이었고, 아이디어보다 중요한 건 공감과 실행이었다. 진짜 혁신은 '위대한 기술'보다 더 나은 세상을 향해 던지는 작고 단단한 질문 한 줄에서 시작된다. 창업자에게 혁신은 남들이 스쳐 지나가는 문제 앞에서 멈춰 서고, 그 문제에 나만의 방식으로 응답하는 태도다. 혁신은 언제나 '처음'인 사람에게서 시작된다. 가장 먼저 불편을 느낀 사람, 가장 먼저 질문을 던진 사람, 그리고 가장 먼저 움직인 사람. 그가 바로 혁신의 주인공이자, 진짜 창업자다.
혁신은 문제를 다르게 바라보는 시선과 그 시선을 행동으로 옮기는 용기에서 나온다. 그리하여 창업자에게 있어 혁신은, 남들이 넘긴 문제에 멈춰서 "이건 왜 이럴까?"라고 묻고 그 질문에 "그럼 이렇게 해보면 어때요?"라고 행동으로 답하는 작은 실험이다. 그 작은 시작이 누군가의 일상을 바꾸고, 어쩌면 세상 전체를 바꾸는 씨앗이 될 수 있다.

지역과 함께하는 창업, 왜 그리고 어떻게

창업 아이템은 나와 내 주변에서 찾아야 한다. 우선 지역의 문제를 파악해야 한다. 창업을 준비하면서 사람들은 제품 개발, 자금 확보, 마케팅 전략에 집중한다. 하지만 정작 중요한 것은 누구를 위한 사업인가, 어디에서부터 시작할 것인가에 대한 질문이다. 이 질문의 답은 멀리 있지 않다. 바로, 내가 사는 지역사회 안에 있다.
지역사회와 연계된 창업은 단순히 '지역에서 시작하는 창업'이라는 의미를 넘어선다. 그것은 지역 안의 사람들과 문제를 공유하고, 자원을 함께 활용하며, 함께 성장해나가는 지속가능한 창업의 방향이다.

무엇보다 먼저 해야 할 일은 지역의 문제를 바라보는 일이다. 창업은 결국 문제해결의 과정이고, 지역은 수많은 문제와 가능성이 공존하는 공간이다. 농촌 고령화, 도시 빈 점포, 쓰레기 문제, 관광객 편의 부족, 청년들의 일자리 부재는 모두 하나의 사업 아이템이 될 수 있다. 실제로 충남의 한 청년 창업자는 어촌 마을에서 버려지는 굴 껍데기를 활용해 친환경 인테리어 자재를 개발했다. '버려지는 자원'이 '팔리는 제품'이 된 것이다.

문제를 찾았다면, 지역의 사람들과 소통해야 한다. 창업을 위한 가장 값진 정보는 때때로 동네 슈퍼 주인이나 마을 어르신에게서 나온다. 이들이야말로 누구보다 지역을 잘 아는 사람들이다. 그들의 이야기는 창업 아이템에 현실성과 생명력을 더해준다. "이 동네에는 어떤 가게가 필요하세요?", "요즘 손님들이 어떤 걸 자주 찾으시나요?"라는 단순한 질문만으로도 사업의 방향이 달라질 수 있다.

이후에는 지역의 기관과 단체들을 적극적으로 활용해야 한다. 창업 초기에는 자본도 부족하고, 인력도 없고, 공간도 마땅치 않다. 이때 지자체, 창조경제혁신센터 등 창입지원센터, 청년센터, 사회적경제지원센터 등은 매우 소중한 파트너가 된다.
특히 광주에서는 '실증도시 광주'라는 이름으로 스타트업의 기술을 실제 도시공간에서 시험하고 검증할 수 있도록 돕는 정책이 추진되고 있다. 이 사업은 광주시와 혁신기관들이 협력해 도시 전체를 하나의 시험대로 활용할 수 있도록 설계되었다.
예를 들어, 자율주행, 에너지, 스마트헬스, 인공지능AI 등 첨단 기술을 보유한 창업 기업들이 실제 도심 내 공공시설, 생활환경, 인프라 속에서 자사 제품을 실험하고 피드백을 받는 기회를 얻고 있다.
'실증도시 광주'는 단지 기술 실증에 그치지 않고, 지역 문제 해결형 창업으로 연결되는 구조를 갖추고 있다. 이는 창업에 매우 중요한 기반 소프트웨어다. 광주의 한 기술 기반 스타트업은 도심 속 어린이 보행 안전 문제를 해결하기 위해 AI 기반 교통 감시 시스템을 설치했고, 이 과정에서 실증도시 광주의 지원을 받았다. 그 결과, 창업 기업은 사업 타당성을 확보하고 전국 지자체로 사업을 확장할 수 있었다.

지역 문제와 결합한 창업은 단점보다 장점이 많다. 예비창업자들이 주목할 또 하나의 지역 자원이 있다. 바로 '광주빛고을노인타운'이다. 이곳은 광주지역 어르신들의 복지와 여가, 돌봄, 커뮤니티 기능을 갖춘 복합공간으로, 고령 친화 서비스나 제품을 개발하려는 창업자에게는 귀중한 실증 기회이자 협력 파트너가 될 수 있다.

예를 들어, 디지털 문해교육 스타트업은 노인타운을 거점으로 노인 세대 대상 스마트폰 활용 교육 프로그램을 운영할 수 있다. 헬스케어 기반 스타트업은 어르신 대상 건강 모니터링, 낙상 예방 센서, 맞춤형 운동 콘텐츠를 실험하고 피드백 받을 수 있다. 문화 콘텐츠 기업은 지역 예술가와 함께 노인 세대를 위한 '마음 회복 프로그램'이나 '디지털 추억 앨범 제작 서비스'을 기획할 수 있다.

지역과 기업의 협업은 단순한 사업 기회를 넘어, 지역의 고령화 문제해결과 고령친화도시 구현이라는 사회적 가치를 함께 실현하는 과정이 된다. 실제로 고령사회에 진입한 우리 사회에서 이런 모델은 정책적으로도 크게 주목받고 있다.

지역과 연계된 창업의 문화는 해외에서도 확산하고 있으며, 대표적인 성공 사례로는 미국 콜로라도주의 볼더시Boulder, CO를 들 수 있다. 볼더시는 스타트업 생태계의 성공 도시로 자주 언급되는데, 그 중심에는 '기브 퍼스트Give First'라는 지역 창업 철학이 자리 잡고 있다. '기브 퍼스트'란 먼저 도움을 주고, 나중에 관계를 기대하라는 가치다. 볼더시에서는 경험 많은 창업가나 투자자들이 예비창업자에게 멘토링, 네트워킹, 실질적 조언을 아낌없이 제공한다. 이 문화는 지역 창업

'지역사회도 투자자도 창업자도 원팀!' 원팀 투자 클럽'

지역사회와 연계된 창업은 단순히 '지역에서 시작하는 창업'이라는 의미를 넘어선다. 그것은 지역 안의 사람들과 문제를 공유하고, 자원을 함께 활용하며, 함께 성장해나가는 지속가능한 창업의 방향이다.

커뮤니티에 선순환의 신뢰 구조를 만들었고, 볼더시를 미국에서 가장 협력적인 창업 도시 중 하나로 성장시켰다.

이 철학은 우리 지역에도 깊은 울림을 준다. 광주에서 내가 운영 중인 '한 팀 프로젝트 One Team Project'는 지역 창업자, 창업투자자, 공공기관, 엔젤투자자가 '우리는 모두 원 팀'이라는 구호를 내걸고 모임을 하고 있다. 이 모임은 '기브 퍼스트 철학'과 맥을 같이하며, 광주 창업 생태계를 신뢰 기반의 공동 실천 공동체로 만들어 가고 있다.

창업 아이템에 지역의 고유한 자원과 스토리를 담는 것도 중요하다. '우무숍'이라는 브랜드는 제주도의 우뭇가사리를 활용한 비건 비누를 만들고 있다. 우무숍은 단순한 상품이 아니다. 지역의 농가와 함께 환경 문제에 공감하며 협업한 결과물이다. 우무숍의 예에서 알 수 있듯이 지역의 특산물, 역사, 문화, 지형, 사람들까지도 모두 브랜드를 풍성하게 만들어주는 요소가 될 수 있다.

지역 창업자들에게 마지막으로 꼭 권하고 싶은 것은, 함께할 사람들을 찾는 일이다. 혼자 하는 창업은 외롭고 버겁다. 지역에는 이미 활동 중인 로컬 크리에이터, 사회적경제 창업자, 청년 창업가들이 많다.
이들과 정보를 공유하고, 협업의 기회를 만들고, 때로는 실패담을 나누는 것만으로도 창업의 지속가능성이 훨씬 높아진다. SNS나 로컬 페스티벌, 창업 네트워크를 통해 자신과 비슷한 길을 걷는 사람들을 만날 수 있다.

지역과 연결된 창업은 느리지만 단단하다. 빠르게 돈을 버는 방법은 아닐 수 있지만, 신뢰와 관계 위에서 성장하는 브랜드는 그만큼 오래 지속된다.

그리고 그 창업은 단순한 '나의 성공'이 아니라, 지역과 함께 웃는 성공이 된다.

지금 발 딛고 있는 지역을 다시 바라보자. 당신의 창업이 지역사회와 함께할 때, 그 여정은 더 깊어지고 단단해질 것이다.

2부

지역 자산을 활용하라

광주창조경제혁신센터

광주에서의 창업, 성공할 수 있다!

나는 광주창조경제혁신센터(이하 광주창경) 대표이사로 3년을 보내고 또 연임했다. 처음 대표이사를 맡아서는 광주의 창업 환경을 만드는 데 큰 노력을 기울였다. 창업 성공률을 높이기 위해 유망한 창업자를 발굴하고 초기 투자를 지원하는 데 집중했다.

광주에서의 전통산업에 속한 기업들은 산업 환경 변화로 인해 새로운 일자리 창출이 어려운 상황이다. 따라서 새로운 창업 기업이 성장해 지역의 활력을 불어넣는 것이 지역 경제 활성화를 위한 최고의 방법이라고 생각하며 이것이 우리가 '창업 성공률이 높은 광주'를 만들겠다고 말하는 이유이기도 하다.

광주창경 대표이사로서 나의 가장 큰 성과는 정부의 팁스TIPS 프로그램 운영사로 선정된 것이다. 팁스TIPS에 선정된 기업들은 90%에 달하는 생존율을 기록하며, 성장 가능성이 크다는 점을 인정받았다. 이 프로그램을 통해 지역 스타트업이 자금 부족으로 수도권으로 떠나는 것을 막고, 지역 내에서 성공할 수 있는 기회를 만들었다고 자평한다.

광주창경이 추천한 기업들 100%가 팁스TIPS 프로그램에 선정되기도 했다. 광주창경은 중소벤처기업부의 연구개발R&D 과제인 팁스TIPS 프로그램에 2021년 1개 사 추천을 시작으로 2024년까지 총 20개 기업을 추천했으며, 이들이 모두 선정되는 100%의 성과를 올렸다. 또한, 최근에는 인공지능AI, 바이오 등 첨단 기술 분야 스타트업을 지원하는 창업 BuS 프로그램 운영기관으로 선정되어, 초기 투자와 후속 투자를 연계하는 역할을 하고 있다.

특히, 전국 창조경제혁신센터 중 사업화 지원, 마케팅, 투자뿐만 아니라 연구개발R&D까지 포괄적으로 지원하는 창경센터는 극히 드물다. 광주창경은 중소벤처기업부에서 지원하는 '창업 성장 기술개발 디딤돌 첫걸음 사업' 공모에 선정되어 102개 기업당 1억 2천만 원의 연구개발비를 지원하는 등 기업의 기술개발 역량 강화의 발판을 마련해 주었다.

광주창경 제3대 센터장을 마칠 때 즈음을 돌아보니 갈 길이 멀었다. 임기 초기에는 지역의 창업 생태계를 돌아보고 문제점을 찾는 시기였다면, 다음 단계로 문제해결 방안을 제시하는 것이 지역 창업자들과 센터 모두에게 필요한 시점이었다. 나는 기업들이 지역을 대표하는 강한 기업으로 자리 잡을 수 있도록 돕는 것을 목표로 설정하고 연임기를 맞았다.

제3대 광주창경 대표이사 임기를 끝내고 나는 또다시 광주창조경제혁신센터장을 연임했다. 제3대 센터장으로 창업 기업들의 성장 기반을 다지고, 투자 재원을 확보하며 기업들이 지속 성장할 수 있도록 지원해 왔다면, 제4대 대표이사로 한 걸음 더 나아가 오픈

광주창조경제혁신센터 직원들과 함께

나는 광주창조경제혁신센터 대표이사로 3년을 보내고 또 연임했다. 처음 대표이사를 맡아서는 광주의 창업 환경을 만드는 데 큰 노력을 기울였다. 창업 성공률을 높이기 위해 유망한 창업자를 발굴하고 초기 투자를 지원하는 데 집중했다.

이노베이션대기업과 스타트업 협업, 세계 시장 진출, 실증 테스트 지원 등 기업의 실제 성장을 돕는 데 집중했다.

현재 광주는 창업을 시작하기에는 좋은 환경을 갖추고 있다고 자평한다. 지금부터는 기업들이 성장하고, 국내 시장을 넘어 글로벌 무대에서도 경쟁력을 가질 수 있도록 지원해야 한다.

앞으로 광주창경은 지금까지 해왔던 각종 창업 지원사업과 더불어 기업 성장스케일업, 글로벌 진출, 개방형 혁신에 집중할 계획이다. 지난 3년 동안 광주에서 유망 스타트업을 키우기 위해 큰 노력을 기울였고, 이제는 한 단계 더 나아가 기업이 크게 성장할 수 있도록 돕는 것이 목표이다.

이제 기본 바닥은 다졌으니 본격적으로 유니콘기업을 양성하기 위한 다양한 활동이 필요하다. 정부와 지자체도 스타트업의 확장을 위한 글로벌 시장진출과 개방형 혁신을 통한 빠른 성장을 강조하고 있다.

이에 맞춰 광주창경도 지역의 혁신기관들과 협력해 초격차 기술남들이 쉽게 따라올 수 없는 첨단 기술, 딥테크첨단 과학기술 기반 스타트업 분야 기업을 발굴하여 적극적으로 지원할 계획이다.

이를 위해 지역 내 대학이나 연구소의 연구개발R&D 성과를 기업과 연결하고, 스타트업이 보유한 기술을 더욱 발전시킬 수 있도록 연구 협력을 지원하는 등 개방형 혁신 플랫폼을 확대할 예정이며 지역 대학원에서 수학 중인 외국인 유학생들이 창업에 참여할 수 있도록 도와 해외 진출을 위한 현지 네트워크 확장과 법인 설립 지원 등 세계 시장 개척을 적극적으로 지원할 것이다.

지역 경제를 성장시키는 다양한 방법이 있다. 대기업을 지역에 유치하여 일자리를 만들고 이에 따라 경제를 순환시키는 방법이 있다. 대부분의 지자체에서 추구하고 있는 방법이다. 하지만 현실적으로 실현되기 어려운 방법이다. 이러한 이유로 스타트업을 성장시키는, 즉 시작 단계에 있는 기업을 성장시켜 일자리를 만들고 이를 통해 경제가 선순환되도록 하는 창업 생태계가 지역 경제를 성장시키는 핵심 요소이다. 이러한 이유로 정부 차원에서 창업 지원과 기업 육성을 위해 다양한 정책을 펼치고 있지만, 아직 수도권 중심으로 창업이 집중되는 것은 안타까운 현실이다.

지역 창업자들은 기술력과 아이디어를 갖추고 있음에도 불구하고, 투자 및 네트워크 부족으로 성장에 어려움을 겪고 있다. 하지만 이제는 지역도 더 이상 제약 요소가 아니다. 광주창경은 창업을 처음 시작하는 단계부터 성장할 때까지 단계별 맞춤형 지원을 제공할 체계를 갖추고 있다.

앞으로도 광주의 창업·투자 생태계를 더욱 활성화하고, 대기업·대학·스타트업 간 협력 체계를 구축하여 '광주에서도 창업이 성공할 수 있다'는 확신을 심어주는 기관이 되고자 한다.

창조경제혁신센터 설립 취지와 10년의 성과

설립 10주년을 맞이한 창조경제혁신센터는 2014년, 대한민국 경제의 새로운 패러다임을 모색하는 과정에서 출범했다. 전통적인 대기업 중심의 경제 구조에서 벗어나 창의성과 혁신을 바탕으로 한 스타트업과 중소기업의 성장을 지원하기 위한 목적으로 설립되었으며 특히 지역 균형 발전을 위해 국내 삼성 현대차 등 세계적 대기업과 지역을 연계한 획기적인 아이디어에서 출발했다. 당시 한국 경제는 빠르게 변화하는 세계 시장에서 경쟁력을 유지하기 위해 새로운 성장 동력을 찾아야 했고, 이에 따라 창조경제라는 개념이 도입되었다. 창조경제혁신센터는 이를 실현하기 위한 핵심 기관으로서, 과학기술과 정보통신 기술ICT을 활용한 창업과 신산업 육성을 목표로 상정했다.

센터의 설립 목적은 명확했다. 혁신적인 아이디어를 가진 창업가들이 이를 실현할 수 있도록 지원하는 창업 생태계를 조성하는 것이었다. 스타트업의 성장을 촉진하기 위해 멘토링, 투자 연계, 글로벌 진출 등의 맞춤형 지원을 제공하고, 대기업과 스타트업 간 협력 체계를 구축하여 상생할 수 있는 환경을 조성하는 것도 중요한 역할이었다. 또한, 지역

경제와 연계한 창업 활성화를 통해 전국 어디에서나 창업이 가능한 환경을 조성하고, 한국의 스타트업이 세계 시장에서도 경쟁력을 가질 수 있도록 지원하는 것 역시 주요 목표 중 하나였다.

지난 10년 동안 창업가들에게 "당신의 아이디어가 세상을 바꿀 수 있다"는 메시지를 전해왔다. 이제 새로운 10년을 맞이하며, 다시 한번 창업가들에게 같은 말을 전하고자 한다. 앞으로의 10년도, 창조경제혁신센터는 혁신적인 창업가들과 함께 대한민국을 글로벌 창업 강국으로 만드는 데 앞장설 것이다. 지난 10년 간의 주요 성과를 살펴보면 다음과 같다.

스타트업 발굴 및 성장 지원

지난 10년 동안 창조경제혁신센터는 1만 개 이상의 스타트업과 중소기업을 지원하며, 초기창업 단계에서부터 확장까지 전 과정에 걸쳐 맞춤형 지원을 제공했다. 창업 교육과 육성, 멘토링 프로그램을 통해 창업가들의 역량을 강화하고, 투자 유치를 돕는 한편, 이 중 일부 기업은 유니콘기업으로 성장하는 성과를 이루었다.

대기업-스타트업 협력 모델 구축

대기업과의 협력을 통한 개방형 혁신 모델 구축도 중요한 성과 중 하나다. 삼성, 현대자동차, SK, LG 등 대기업과의 협업을 통해 스타트업이

신기술을 실증하고 상용화할 기회를 확대했다. 실증 사업 PoC과 공동 연구개발 R&D을 통해 대기업이 스타트업의 혁신 기술을 활용할 수 있도록 연결하며, 스타트업들이 더욱 빠르게 시장에 진입할 수 있도록 지원했다.

지역 기반 창업 활성화

지역 기반 창업 활성화 또한 눈에 띄는 성과를 거두었다. 전국 19개 센터가 각 지역의 산업 특성과 연계한 창업 지원을 강화했으며, 광주는 AI와 모빌리티, 부산은 해양·물류, 대구는 의료·로봇, 전북은 농식품·바이오 등 지역별 특화 산업을 기반으로 창업을 활성화했다. 이를 통해 지역 창업자들이 수도권으로 이동하지 않고도 충분한 창업 지원을 받을 수 있는 환경이 조성되었다.

세계 시장 진출 지원

세계 시장 진출 지원도 큰 성과 중 하나였다. 글로벌 육성 프로그램을 운영하여 스타트업의 해외 시장 개척을 돕고, 글로벌 투자 유치 기회를 제공했다. 실리콘밸리, 유럽, 동남아 등 주요 시장과 네트워크를 구축하여 국내 스타트업이 해외 진출을 할 수 있도록 맞춤형 지원을 확대했다. 이를 통해 K-스타트업의 해외 진출 성공 사례가 다수 배출되었으며, 글로벌 펀드 및 벤처캐피털 VC과의 협력도 강화되었다.

투자 및 자금지원 성과

투자 및 자금지원 성과 또한 주목할 만하다. 지난 10년 동안 창조경제혁신센터를 통해 수조 원 규모의 투자 유치가 이루어졌으며, 초기 스타트업이 필요한 시드 투자부터 성장 단계의 후속 투자까지 체계적으로 연결하여 지속적인 성장을 지원했다. 정부나 지자체, 민간 VC와의 협력을 통해 창업 생태계 내 자금 흐름을 원활하게 하여 창업 기업들이 자금 조달을 도와주었다.

이제 창조경제혁신센터는 앞으로의 10년을 준비해야 한다. AI, 바이오, 친환경 에너지, 모빌리티 등 미래 산업 중심의 창업 지원을 강화하고, 국내 스타트업이 세계 시상에서도 경쟁력을 가질 수 있도록 해외 진출 지원을 확대할 계획이다. 또한, 투자-육성-성장-재투자의 선순환 구조를 확립하여 지속가능한 창업 생태계를 구축하고, 지역 창업 활성화를 지속해서 추진해 수도권과 지역 간 창업 격차를 줄이는 데 이바지할 것이다.

광주 창업 생태계의 유니콘 산실, 스테이-지STA-G

KTX 송정역 중심의 교통망 개편 이후 쇠퇴했던 광주역 일대가 활력을 되찾고 있다. 광주시는 이곳을 창의 문화산업 스타트업 밸리로 조성해 호남권 최대 창업 단지로 육성하는 것을 목표로 삼고 있다. 이 프로젝트의 핵심 시설이자 가장 먼저 오픈하는 공간이 '스테이-지STA-G'다. 스테이-지는 광주광역시가 추진하는 경제기반형 도시재생 뉴딜사업의 주요 거점으로, 총사업비 350억 원을 투입해 부지 5,500㎡, 전체면적 8,950㎡, 지상 5층 규모로 건립되었다.

광주창조경제혁신센터광주창경가 운영을 맡은 이 공간은 창업 기업의 고도성장을 지원하기 위한 입주·보육 공간, 협업 작업실, 교육 공간, 복합문화 공간 등을 갖추고 있다.
나는 광주에 이미 여러 창업 보육 공간이 있는 만큼, '스테이-지'를 유니콘기업 육성을 위한 고도성장 플랫폼으로 운영해야 한다고 지속해서 제안했다. 그리고 이를 실현하기 위해 구체적인 벤치마킹 대상으로 보스턴의 CICCambridge Innovation Center를 선정했다.

CIC는 1999년 미국 매사추세츠주 보스턴 케임브리지에서 설립된 세계적인 스타트업 및 혁신 기업 지원 센터다. MIT와 하버드 대학교 근처에 있으며, 특히 생명공학Biotech, 헬스케어, 인공지능AI, 핀테크 FinTech 등의 기술 혁신 기업들이 다수 입주해 있다. CIC는 단순한 사무실 공간을 제공하는 것이 아니라, 스타트업이 성장할 수 있도록 맞춤형 지원 시스템을 운영한다. CIC의 핵심 지원 시스템은 크게 세 가지로 요약된다.

첫째, 입주 기업 맞춤 지원이 이루어진다. 사무 공간 제공뿐만 아니라 네트워킹 이벤트, 투자 연결, 법률·회계 컨설팅 등 창업 필수 요소를 종합적으로 지원한다. 매주 벤처캐피털VC, 엔젤투자자들과의 네트워킹 이벤트를 통해 투자 유치 기회를 확대하며, 연구개발R&D 중심 스타트업을 위한 공용 실험실이니 장비도 지원한다.

둘째, 대기업과의 협력 및 개방형 혁신Open Innovation을 촉진한다. MIT, 하버드와의 협업을 통해 산·학·연 연계를 강화하고, 대기업과 스타트업 간 협업 프로젝트를 적극적으로 지원한다.

셋째, 성공적인 유니콘 기업 배출을 위한 환경을 조성한다. COVID-19 백신 개발로 유명한 모더나Moderna가 CIC의 지원을 받아 빠르게 성장한 대표적인 사례다. 모더나는 CIC의 바이오테크 인프라를 활용해 글로벌 제약사로 자리 잡을 수 있었다.

CIC는 단순한 창업 공간이 아니라 스타트업과 투자자, 연구자, 대기업이 한데 모여 협업하며 성장할 수 있는 혁신 허브 역할을 하고 있다. 나는 광주역 '스테이-지'도 이런 역할을 할 수 있기를 바랐다.

'스테이-지'가 단순한 창업 공간을 넘어, 유니콘기업으로 성장할 수 있는 고도 성장형 창업 플랫폼이 되어야 한다고 확신한다. 이를 위해 입주

기업 및 지원 기관 선정을 공모제로 운영하고, 엄격한 심사를 통해 최적의 기업과 기관을 유치할 계획이다.

나는 '스테이-지'가 단순한 창업 공간을 넘어 광주의 유니콘기업들을 배출하는 핵심 거점으로 성장할 것이라 확신한다. 이곳에서 성장한 기업들이 광주를 기반으로 세계 시장으로 뻗어나갈 수 있도록, 입주 기업들과 긴밀히 협력하며 지속적인 지원을 이어갈 것이다. '스테이-지'가 만들어 갈 변화, 그리고 광주 창업 생태계의 혁신을 기대해 본다.

광주형 창업 플랫폼, '스테이-지'의 운영 전략

1. **입주 기업 선정 기준**
   초기에 투자받았거나 최소한 투자를 확약받은 기업 중에서 선별
   시장에서 실제 경쟁력이 입증된 기업을 우선하여 고려

2. **투자 지원 기관 유치**
   지역 투자에 적극적인 기관들 중심으로 선별
   실제 지역 펀드를 운용하고 있는 투자사를 중심으로 입주 지원

3. **공공기관이 운영하는 최초의 '유료' 보육 공간**
   기존 창업 보육 센터와 달리, 무상 지원이 아닌 자부담 운영 시스템 도입,
   입주 기업들에 차별화된 맞춤형 성장 지원 프로그램 제공

4. **전용 투자 펀드 조성**
   '스테이-지' 입주 기업을 위한 전용 펀드 조성
   후속 투자 유치를 지원하기 위해 투자 지원 기관들과 공동 운영

5. **대기업 협업 및 개방형 혁신 지원**
   대기업과의 협업 기회를 확대하여 대형 프로젝트 참여 기회 제공
   지자체 또는 중소벤처기업부의 예산을 활용해 대기업과 스타트업 간 협업 프로젝트 적극 지원

6. **정기적인 투자 네트워킹 및 후속 투자 유치 기회 제공**
   매월 진행되는 투자 네트워킹 행사인 '원-팀 프로젝트 One-Team Project'에 자동 참가 자격 부여, 전국 유수의 벤처캐피털 VC 및 엔젤투자자들과 직접 연결 기회 제공

광주형 창업 생태계

"멘토님! 투자받으려면 서울로 본사를 옮겨야 할 것 같아요."
이 말을 들었을 때 마음이 무거웠다. 평소 아끼던 지역 창업자가
시드머니 2억 원을 받기 위해 광주를 떠나야 한다니. 대한민국 어디서든
마찬가지다. 중·고등학교를 졸업한 인재들은 서울로 떠나고, 대학
졸업 후에도 좋은 일자리를 찾아 서울로 간다. 그런데 창업마저 서울로
가야 한다면? 가능성 큰 창업자들이 지역을 떠나야만 하는 현실을
바꿔야겠다고 다짐했다. 그때부터 '창업 성공률이 높은 광주'를 만들기
위한 광주형 창업 생태계 조성을 목표로 삼았다.
창업 성공을 지원하는 것도 단계별 전략을 구축해야 한다. 내가 실행한
전략은 다음과 같다.

창업 지원 자금 확보

창업자들이 아이디어를 실현하는 데 부담을 덜어주기 위해 단계별 창업

지원 자금을 최대한 확보했다. 부임 당시 광주창경은 '예비창업패키지' 하나만 운영하고 있었지만, 지금은?

라이프 스타일 창업자를 위한 '신사업사관학교' 예비창업자를 위한 '예비창업패키지', 창업 3년 이내 기업 대상 '초기창업패키지', 성장 도약 지원, '지-유니콘 지원사업', 7년 이내 기업의 연구개발R&D 지원, '생애 최초 디딤돌 지원사업, 딥테크 기업 지원, '창업 BUS', 팁스TIPS 운영사 선정까지!

이제 광주에서는 창업 전 단계에서 필요한 지원을 받을 수 있다. 특히, 예비·초기창업패키지와 팁스TIPS를 동시에 운영하는 창업 지원 기관은 전국에서 광주창경이 유일하다!

초기 투자 자금 마련

창업 초기에는 최소 5천만 원에서 3억 원 정도의 투자금이 필요하다. 하지만 광주에는 초기 투자자가 부족했다. 이를 해결하기 위해 100여 명의 지역 유지들이 힘을 모아 80억 원의 투자금을 확보했다. 이제는 가능성 있는 창업자들이 서울로 떠나지 않아도 지역에서 투자받을 수 있다.

'팁스TIPS'와 연계 지원

팁스TIPS는 혁신 기술을 가진 스타트업을 집중 육성하는 정부 지원 프로그램이다. 민간 투자자가 1억 원 이상 투자하면 정부가 최대 7억 원을 지원하는 방식이다. 창업자 처지에서는 정부와 투자자들이 검증한 기업이라는 절대적인 신뢰도까지 얻을 수 있다.

그러나 내가 광주창경 대표로 부임했을 당시에는, 전국 86개 팁스TIPS 운영사 중 호남에는 단 한 곳도 없었다. 2022년 가을, 드디어 광주창경이 호남 최초 팁스TIPS 운영사가 되었고, 이후 전남대 기술지주, 제주창경이 잇따라 운영사로 선정되었다.

실증 지원 및 글로벌 진출

실증 지원이란, 기술이 실제 시장에서 효과적인지 검증하는 과정이다. 하지만 스타트업이 직접 실증을 진행하기는 어렵다. 그래서 중견기업, 외국 기업과 협력해 실증을 지원하는 시스템을 구축했다.

또한, 국내 시장만 바라보지 않고 해외로 나갈 수 있도록 글로벌 거점을 마련했다. 현재 광주창경은 실리콘밸리, 시애틀, 아칸소, 오스틴, 동경, 싱가포르, 태국 등 주요 거점과 협력하고 있다.

4년 동안 열심히 뛰어다닌 결과, 이제 광주는 다른 지역에 비해 창업 지원 시스템이 탄탄하다고 자부한다. 하지만 유니콘기업기업 가치 1조 원 이상 스타트업을 키울 인프라는 부족하다고 느꼈다.

그러던 중, 광주역에 대규모 창업 밸리가 조성된다는 소식을 듣고, "이 중 하나는 반드시 유니콘기업을 위한 공간이어야 한다!"고 주장했다. 그리고 광주광역시의 전폭적인 지원을 받아 '스테이-지'라는 공간을 조성하게 되었다. 이곳은 2025년 5월 개관 예정이며, 광주형 창업 생태계의 커다란 변곡점이자 중심지가 될 것이다.

호남권 최초 팁스 운영사 선정 기념

광주창조경제혁신센터 대표로 부임했을 당시, 전국 86개 팁스 운영사 중 호남에는 팁스 운영사가 전혀 없었다. 2022년 가을, 드디어 광주창경이 호남 최초 팁스 운영사가 되었다.

광주는 이제 더 이상 창업하기에 불리한 도시가 아니다. 창업자가 서울로 떠나지 않아도 지역에서 충분한 지원과 투자를 받을 수 있는 환경을 만들었다. 이제는 더 큰 목표를 향해 달려가야 할 때다.

"광주에서도 창업하면 성공할 수 있다!"이 확신을 실현하기 위해 앞으로도 최선을 다하겠다.

예비창업자를 위한 제안

창업을 염두에 두고 있다면 지금 당장 창업하지 마세요. 창업교육부터 먼저 받으세요. 창업교육은 정부 지원, 지자체 프로그램, 대학 창업센터에서 무료 또는 소액으로 참여할 수 있습니다. 짧게는 하루 워크숍부터 길게는 6개월 코스까지 다양하니, 본인의 일정과 관심 분야에 맞게 계획을 세워보세요.

글로벌 진출의 시작, 미국 CES에서

매년 1월, 미국에서 열리는 CES_{Consumer Technology Association}는 전 세계에서 가장 영향력 있는 신기술을 선보이는 전자제품 박람회다. 가전제품뿐만 아니라 인공지능AI, 로봇, 자율주행 등 첨단 기술을 보유한 국제적 기업과 혁신적인 아이디어를 가진 스타트업들이 한자리에 모인다.

CES를 주관하는 미국 소비자 기술협회CTA는 세계를 선도할 혁신 기술과 제품에 CES 혁신상을 수여하는데, 이는 세계 시장에서 경쟁력을 인정받는 중요한 기회가 된다. 한국 기업들도 미국과 중국에 이어 CES에서 두 번째로 많은 기업이 참가하고 있다. 세계적인 기업들과 어깨를 나란히 하며 협업과 경쟁의 기회를 찾고 있다.

2024년 CES에서는 AI 기술 자체가 핵심 주제였다면, 2025년 CES에서는 AI가 혁신의 대상이 아니라 산업 전반에 자연스럽게 융합된 필수 기술로 자리 잡았다. 인터넷이 비즈니스의 기본 요소가 된 것처럼, AI 역시 기업의 경쟁력을 결정짓는 핵심 요소가 되었다. 이제 중요한 것은 AI

자체가 아니라 어떻게 활용하는가였다.

이러한 변화 속에서, 나는 다시 한번 광주지역 창업자들을 응원하고 세계 기술 동향을 파악하며 글로벌 네트워크를 확장하기 위해 CES 2025에 참여했다.

하지만 출장을 떠나기 전, 대한민국은 여러 사건으로 인해 무거운 분위기였다. 연말에 벌어진 비상계엄 사태, 제주항공 사고 등으로 국민 모두 착잡한 심정이었다. 이런 시기일수록 더욱 창업자들에게 힘을 실어주고 싶었다. 광주의 스타트업이 글로벌 무대에서 활약할 수 있도록 직접 응원하러 떠났다.

> **광주창경의 지원을 받아 CES 2025에 참가한 기업들**
>
> 고스트패스, 에스오에스랩, 리버트리, 디닷케어, 그린토크, 메리핸드, 인디제이, 정션메드, 호그린에어, 에코피스, 오니온에이아이, 마인스페이스, 오토웰즈, 엘앤에이치랩스, 은성트래시스, 멤스, 영앤, 지키다 등
> **총 19개 사**

2025년 CES에는 광주 지역 기업 총 36개 사가 참여했다. 특히, 고스트패스대표 이선관는 2024년에 이어 올해 최고혁신상을 받으며 최고 기술력을 인정받았다.

CES 2025에는 전 세계 160여 개국에서 약 4,800개 기업이 참가했다. 국가별로는 미국이 1,509개, 중국이 1,339개, 한국이 1,031개 기업으로, 한국은 역대 최대 규모로 참가하여 세 번째로 많은 기업이 참여했다. 이중 최고혁신상은 15개 기업에만 수여하니 이선관 대표가 올린 성과는 가히 엄청나다고 할 수 있다.

또한 2024년 코스닥 상장에 성공한 에스오에스랩_{대표 정지성}은 광주 창업 기업 중 유일하게 대기업관에 부스를 마련해 세계적 기업들과 경쟁했다. 라이다 센서 기술 기업인 에스오에스랩은 2023년 G-유니콘 육성 프로그램을 통해 CES 참가 비용을 지원받았고, 기업 공개_{IPO}에 성공하며 광주의 대표 스타트업으로 자리 잡았다.

AI 기반 미디어 콘텐츠 자동 더빙 솔루션을 개발한 오니온에이아이_{대표 김홍국}는 CES 2025에서 광주 영어방송과 업무협약_{MOU}을 체결했다. 오니온에이아이는 2024년 G-IN 넥스트 레벨_{G-IN Next Level} 프로그램을 통해 투자 유치 역량 강화를 위한 지원을 받았고, 이번 CES에서 국제적 동반관계를 구축하는 성과를 거두었다.

현장 개막식에는 김병인 전남대 부총장을 비롯한 전남대 의대 교수진과 학생들, 김동진 광주대 총장, 그리고 광주관을 운영한 광주정보문화산업진흥원의 이경주 원장과 임직원들, 지역 기업인 등 약 100여 명의 광주 관계자들이 참석했다. 동시 중계한 온라인개막식은 광주광역시에서 강기정 시장을 비롯해 두 부시장과 모든 국장이 참여할 만큼 관심이 높았다. 이를 통해 지역의 창업 생태계에 관한 관심과 지원이 얼마나 커졌는지를 확인할 수 있었다.

광주시는 단순한 참가를 넘어, CES를 통해 스타트업의 글로벌 진출을 적극적으로 지원하고 있다. 2024년부터는 CES에 글로벌 진출 및 투자 유치 전담 코디네이터를 파견해 전시회 동향을 분석하고, 우수 기업과 바이어, 투자자들을 연결하는 중개자 역할을 수행하고 있다.

CES는 단순한 전시회가 아니라 광주 스타트업이 세계로 나가는 출발점이 되었다. 매년 더 많은 창업 기업들이 CES에 참가하여 자신들의 기술과 제품을 선보이고, 세계 시장에서 기회를 찾고 있다.

ces부스에서 설명 중인 고스트패스 이선관 대표

CES를 주관하는 미국소비자기술협회는 세계를 선도할 혁신 기술과 제품에 CES 혁신상을 수여하는데, 이는 세계 시장에서 경쟁력을 인정받는 중요한 기회다.

나는 앞으로도 광주의 창업가들이 글로벌 무대에서 경쟁력을 갖출 수 있도록, 광주형 창업 생태계를 더욱 강화해 나갈 것이다. 세계 시장은 도전하는 자에게 열린다. 이제는 우리 지역의 창업가들이 CES를 비롯한 세계적인 무대에서 당당히 경쟁할 수 있도록 더 많은 지원과 기회를 제공해야 한다.

광주에서 시작한 창업이 세계로 뻗어 나가는 그날까지, 나는 이 길을 함께 걸어갈 것이다.

CES 2025 최고혁신상 '고스트패스' 이선관 대표가 전하는 꿀팁!

CES는 전 세계에서 가장 영향력 있는 기술 전시회 중 하나로, 혁신 기술을 보유한 기업이라면 세계 시장 진출을 위한 중요한 무대로 자리 잡고 있습니다. 특히 'CES 혁신상'은 기술력, 디자인, 혁신성을 종합적으로 평가받는 상으로, 매년 전 세계 수많은 기업이 이를 목표로 치열한 준비를 합니다. 최근에는 이 상을 전문적으로 준비하는 '과외'가 생겨날 정도로, 스타트업과 기술 기업들 사이에서 그 위상이 더욱 높아지고 있는 것 같습니다.

CES 혁신상은 일반적으로 매해 8월까지 신청받고, 각 분야의 전문가들로 구성된 심사위원단이 10월에 수상 기업을 선정합니다. 신청할 거라면 얼리버드 기간에 접수결제까지를 완료하고 수정하는 편이 더 저렴합니다. 동일한 마감 기한까지 언제든지 수정할 수 있습니다. 신청은 최대 세 개의 카테고리까지 가능하며, 자신이 속한 기술 분야 중 경쟁력 있는 영역을 전략적으로 선택하는 것이 중요합니다. 심사 기준은 기술성, 디자인, 그리고 혁신성으로, 단순한 제품 소개보다는 기존 기술과의 차별성을 구체적이고 기술적으로 설명하는 것이 효과적입니다. 심사위원들 대부분이 해당 분야의 전문가이기 때문에 일반적인 마케팅 언어나 추상적인 표현보다는, 기술의 원리와 구조, 구현 방식에 대한 구체적이고 전문적인 설명과 함께 작성하는 것이 좋습니다.

고스트패스는 운 좋게도, 올해도 최고혁신상을 받으며 2년 연속 CES 혁신상을 수상하였습니다. 당사에서는 신청서 작성 시, 제품의 기능과 구조를 이해하기 쉬운 이미지와 영상을 함께 제출하여, 심사위원이 제품을 빠르고 명확하게 이해할 수 있도록 도왔습니다. 이러한 시각적 자료는 제품의 특징을 효과적으로 전달하는 데 매우 유용했다고 생각합니다.

부스 참가 역시 혁신상과 함께 준비하는 것이 일반적이며, 늦어도 8월 이전에는 본격적인 준비가 시작되어야 합니다. 특히 요즘은 상반기부터 혁신상 신청과 전시 부스 기획을 동시에 진행하는 흐름이 보편화하고 있습니다. 전시 기간에는 많은 관람객과 바이어들이 방문하고 명함을 주고받지만, 현장에서 이들을 정리하고 응대하는 데에는 물리적인 한계가 있습니다. 이를 보완하기 위해 CES 등록 시 구매할 수 있는 '배지 스캐너 앱'을 활용하면, 부스를 방문한 관람객의 등록 정보를 QR 스캔을 통해 자동으로 수집할 수 있으며, 사후에는 엑셀 파일 형태로 일괄 관리가 가능하여 매우 유용합니다.

이처럼 CES 혁신상은 단순한 기술 전시가 아닌, 글로벌 기술 시장에서 기업의 기술력과 가능성을 인정받을 수 있는 중요한 기회인 만큼 효과적인 준비와 전략적 접근을 통해, 기술의 가치를 극대화할 수 있는 장으로 적극적으로 활용해보길 권해드립니다.

한 팀 천사 투자자 100명

한 아이를 키우기 위해 '마을의 모든 사람이 협력해야 한다'는 말이 있듯이, 창업 생태계에서도 창업자뿐만 아니라 투자자, 지역사회 구성원 모두가 원팀 정신One-Team Spirit으로 함께 응원하고 지원해야 한다. 이를 실현하기 위해 우리 광주에서는 '원-팀 프로젝트'라는 모임을 운영하고 있다.

매월 마지막 수요일에 열리는 이 모임은 기존에 투자받았던 창업자나 투자 유치를 앞둔 창업자, 실제 펀드를 운용 중인 투자자, 멘토, 창업 지원 기관 등 50여 명이 한자리에 모여 자유롭게 교류하는 자리다. 나는 세계적인 창업 생태계 모델로 꼽히는 미국 볼더시Boulder의 '기브 퍼스트 Give First' 문화가 우리 지역에서도 뿌리내리길 바라며, 2023년부터 이 모임을 운영해오고 있다.

이 모임을 통해 창업자들은 편안한 분위기에서 투자자들과 만나 본인의 아이디어와 비전을 직접 이야기할 수 있으며, 투자자들은 지역의 유망 창업자들을 발굴할 기회를 얻는다. 이는 단순한 투자 유치의 장을 넘어, 창업자와 투자자가 서로 신뢰를 바탕으로 지속적인 관계를 맺고 함께 성장하는 창업 생태계를 조성하는 데 기여하고 있다.

'기브 퍼스트Give First'는 미국 콜로라도주 볼더시의 창업 생태계를 대표하는 중요한 철학이자 문화다. 이 개념은 글로벌 액셀러레이터인 테크스타스Techstars의 공동 창립자인 브래드 펠드Brad Feld가 제창한 것으로, 창업자와 투자자, 멘토, 그리고 창업 생태계의 구성원들이 먼저 도움을 주고, 보상은 나중에 기대하는 방식으로 협력해야 한다는 원칙이다.

창업 생태계에서 기업이 성공하기 위해서는 투자, 멘토링, 네트워크 지원이 필수적이다. 하지만 '기브 퍼스트' 철학은 즉각적인 금전적 보상이나 대가를 바라기보다는, 선한 의도로 창업자들을 지원하는 것이 장기적인 성공을 가져온다는 개념을 기반으로 한다. 이는 단순한 나눔이 아니라, "당신이 제공한 가치가 결국 돌아온다What goes around comes around"는 신념을 바탕으로 한 지속가능한 창업 문화다.

창업자뿐만 아니라 투자자, 멘토, 창업 지원 기관 등 모든 구성원이 이 원칙을 실천할 때, 창업 생태계는 더욱 건강하고 활력 있게 성장할 수 있다.

볼더시는 미국 내에서도 스타트업 친화적인 도시로 유명하며, 실리콘밸리와는 다른 방식으로 창업 생태계를 조성해왔다. 테크스타스를 비롯한 여러 창업 지원 기관들은 창업자들에게 단순히 자금을 제공하는 것이 아니라, 지식과 경험을 먼저 나누는 멘토링 시스템을 구축했다. 이러한 문화 속에서 창업자들은 성공한 이후 자신이 받은 도움을 다음 세대의 창업자들에게 다시 돌려주면서 선순환 구조가 형성되었다. 또한 실리콘밸리와 달리, 볼더시는 협력적인 창업 문화를 조성하며,

경쟁보다는 커뮤니티 중심의 상생 모델을 강조했다.

이러한 '기브 퍼스트' 정신 덕분에 창업자들은 투자자나 멘토에게 열린 마음으로 조언받을 수 있었다. 투자자들도 단기적인 수익을 기대하기보다 창업자들이 성장할 때까지 기다리며 장기적인 성과를 도모할 수 있었다. 이를 통해 볼더시는 지속가능하고 건강한 창업 생태계를 구축하는 데 성공했다.

이러한 철학은 우리 지역의 창업 생태계에도 중요한 교훈을 제공할 수 있다. 창업 초기는 막막한 과정의 연속이기 때문에, 먼저 창업을 경험한 선배 기업가들의 역할이 매우 중요하다. 그들이 직접 체험한 실패와 성공의 경험을 공유하는 멘토링 문화가 정착된다면, 신규 창업자들은 더 빠르고 쉽게 성장힐 수 있다.

또한 성공한 선배 창업자들이 후배 창업자들을 위해 엔젤투자펀드를 조성하거나, 재능기부 멘토링, 시장 개척을 위한 네트워크 연결을 실천한다면 지역 창업 생태계는 더욱 견고하게 성장할 수 있다. 창업자와 투자자, 지역민들이 단기적인 이익을 추구하는 것이 아니라, 먼저 도움을 주고 장기적으로 함께 성장하는 구조를 만든다면, 지역 창업 커뮤니티는 더욱 강력한 네트워크를 형성할 것이다.

광주의 '원-팀 프로젝트'도 단순한 투자 유치 지원 모임이 아니라, 지역 창업 생태계를 보다 건강하고 지속가능하게 만드는 핵심적인 지역 문화이기도 하다.

지역 창업자들의 만남의 장 '광주창업포럼'

광주에서는 매월 둘째 주 화요일 오후, 어김없이 '광주창업포럼'이 열린다. 이 포럼은 2014년부터 나와 강수훈 광주광역시 의원이 공동 주관하여 시작한 이래, 현재까지 꾸준히 이어져 오고 있다. 매회 최소 200명에서 많게는 600여 명이 참석하며, 전국 최대 규모의 창업 네트워킹 행사로 자리 잡았다.

당시만 해도 본격적인 창업 붐이 일어나기 전이었기에, 창업 관련 정보를 공유하거나 창업자 간 네트워킹을 활성화할 수 있는 프로그램이 부족한 실정이었다. 이에 내가 광주창조경제혁신센터_{광주창경}의 대표로 취임한 후 가장 먼저 추진한 일이 바로 '광주창업포럼'의 활성화였다.

포럼 활성화를 위해 광주테크노파크, 광주정보문화산업진흥원, 광주인공지능사업단, 전남대 기술지주회사 등 다양한 창업 지원 기관과 협업 체계를 구축했다. 또한, 전남대, 조선대, 광주대, 호남대, 조선이공대 등 지역 대학들과도 긴밀한 네트워크를 형성하여 창업자들에게 실질적인 도움을 줄 수 있는 환경을 마련했다.

지역창업자들의 네트워킹 모임 '광주창업포럼'

광주창업포럼에서는 강연뿐만 아니라 창업자들 간 네트워킹을 적극적으로 장려한다. 참석자들은 각자의 경험을 바탕으로 유용한 정보를 공유하고, 창업과 관련된 아이디어를 자유롭게 교환하며 시너지를 창출한다. 포럼은 2014년부터 나와 강수훈 광주광역시 의원이 공동 주관하여 시작한 이래 전국 최대 규모의 창업 네트워킹 행사로 자리 잡았다.

각 기관은 월별 포럼의 주제를 선정하고, 강연자 초청, 장소 섭외, 간식 제공 등의 역할을 분담하며 운영에 힘을 보태고 있다. 이를 통해 기관별 부담을 최소화하면서도 창업자들에게는 질 높은 프로그램을 제공할 수 있게 되었다.

2024년 11월 두 번째 화요일, 어반브룩 갤러리홀에서 열린 광주창업포럼에는 250여 명의 창업자가 참석하며 성황을 이뤘다. 이번 포럼의 주제는 '투자 없이 성장하는 작은 브랜드의 비밀'로, 스몰브랜더의 공동대표인 김시내·최용경 대표가 강연을 진행했다.
스몰브랜더는 작은 브랜드들이 시장에서 자립하고 성장할 수 있도록 브랜드 전략 수립, 콘텐츠 마케팅, 고객 관리 등의 실질적인 컨설팅을 제공하는 플랫폼이다. 또한, 소식지를 통해 최신 마케팅 트렌드와 성공 사례, 운영 팁 등을 공유하며, 변화하는 시장 환경 속에서 작은 브랜드들이 유연하게 대응할 수 있도록 돕고 있다.
강연에서는 투자 없이도 브랜드를 성장시킬 수 있는 전략과 노하우를 소개했다. 특히, 브랜드의 고유한 가치를 극대화하는 방법과 고객과의 진정성 있는 소통의 중요성을 강조했다. 창업자의 철학과 가치관이 반영된 브랜드 정체성을 구축하는 것이 어떻게 브랜드 성장으로 이어지는지를 다양한 사례를 통해 설명하며, 참석자들에게 실질적인 지침을 제공했다.

광주창업포럼에서는 강연뿐만 아니라 창업자들 간 네트워킹을 적극적으로 장려하고 있다. 포럼 참석자들은 각자의 경험을 바탕으로 유용한 정보를 공유하고, 창업과 관련된 아이디어를 자유롭게 교환하며 시너지를 창출한다.

사회적경제와 지속가능한 미래, 창업자의 글로벌 진출, 브랜드 전략과 상표권 관리 등 다양한 주제로 매월 개최되는 광주창업포럼은 창업자들이 네트워크를 확장하고 아이디어를 실질적인 사업으로 발전시킬 수 있는 중요한 플랫폼 역할을 하고 있다.

광주창업포럼이 지속해서 성장할 수 있었던 배경에는 창업 지원 기관뿐만 아니라 '창업포럼 운영위원회'의 헌신적인 노력이 자리하고 있다. 운영위원회는 장하준 대표를 위원장으로, 김진아 대표부위원장, 김소우, 김종언, 김주영, 김태준, 노지현, 마석완, 박윤선, 오순지, 오지현, 유제승, 장초롱 대표 등으로 구성되어 있다. 이들은 매월 모여 포럼의 주제와 강사를 선정하고, 직접 홍보에 나서며 창업 생태계를 활성화하기 위해 힘쓰고 있다.

운영위원들 역시 창업자이기에 자신의 사업을 운영하는 것만으로도 바쁜 일정 속에서 솔선수범하며 후배 창업자들을 돕고 있다. 이들의 헌신 덕분에 광주창업포럼은 창업자들이 서로 돕고 성장할 수 있는 공간으로 자리매김하고 있다.

앞으로도 광주창업포럼이 창업자들에게 실질적인 도움을 주는 플랫폼으로 지속 발전하길 기대하며, 운영위원들의 노고에 깊은 감사의 마음을 전한다.

10년 전통의 실전창업스쿨

한 시간도 교육받지 않고 창업하는 현실이라니! 창업 관련 통계를 보면, 우리나라 창업자 85%가 창업 전 한 시간 정도의 창업 교육도 받지 않는다. 이는 총 한 번 안 잡아보고 전쟁터에 나가는 것과 다르지 않아 충격이었다. 이런 상황이라면 창업 실패는 불 보듯 뻔한 것 아닌가?

창업 성공률이 높은 도시를 만들기 위해서는 창업 붐 조성이 필수적이고 창업스쿨, 창업아이디어 경진대회 등을 통해 예비창업자들을 양성해야 한다. 창업 스쿨은 보통 '기업가정신 교육'을 비롯해 '사업계획서 작성법'까지 10~12강좌로 구성된다.
생각이 이에 미치자 우리 지역에 제대로 된 창업 스쿨을 만들어야겠다는 각오를 세웠다. 이렇게 시작된 실전창업스쿨이 2014년부터 10년째 운영되고 있으니 아마 전국에서도 최초, 최장의 사례가 아닐까 싶다.
베트남 이주민, 순천이나 군산에서 참여하신 분, 퇴직을 앞둔 분, 경력단절 여성, 재기 창업자, 창업했지만 변화가 필요하신 분 등 다양한 이유와 경력을 가진 수강생들이 참여하고, 본인들이 자발적으로 참여했기 때문에 수업 열기는 상당히 뜨겁다.

창업스쿨은 강사진 구성이 무엇보다 중요하다. 창업스쿨을 마친 뒤에도 예비창업자들의 궁금점을 함께 풀어가는 멘토들이 꼭 필요하다. 창업스쿨 강사진을 창업의 성공과 실패 경험이 있는 분들로 구성하고 현재 창업에 나서고 있는 선배 창업자들도 강사진으로 포진하였다. 나도 기업가정신과 '린 스타트업'에 관한 강의를 맡고 있다. 창업스쿨의 커리큘럼과 강사진 구성 등 전반적인 관리자로 교장(?) 같은 역할도 하고 있다. 참여 강사진들은 순수 재능기부로 매월 1회 토, 일요일 주말을 이용해서 주로 진월동 '광주재능기부센터'에서 진행한다.

창업스쿨 이후의 애프터서비스는 무엇보나 중요하다. 창업스쿨의 백미는 수료식 이후 전원이 참석하는 네트워킹 모임이다. 수강 도중에는 잘 몰랐지만, 참여 동기와 향후 창업계획을 이야기하며 상호 협업 가능성을 타진하는 자리이다.

창업스쿨 수료 이후 '예비창업자 창업 지원사업' '청년창업사관학교'등 각종 지원 자금을 동력 삼아 창업에 성공하는 사례가 늘고 있어서 스쿨 운영자로서 자랑하고픈 성과이기도 하다.

현재 우리나라의 창업 지원은 대부분이 본인의 아이디어를 실현해 볼 수 있도록 시제품 제작 비용을 지원해주는 형태의 자금지원이 대부분이다. 그러나 아이디어 발굴 과정부터 제대로 방향을 잡지 못하면 나중에 돌이킬 수 없는 지경까지 이르게 되는 어려움에 부닥칠 수 있다.

이러한 문제를 해결하기 위해 사전 창업 교육은 물론이고 '린 스타트업'에 대한 개념을 확실히 익히는 것 또한 아주 중요한 일이다. 실제 강의를 들으면서 되레 창업이 막연히 생각했던 것보다 훨씬 많은 준비를 해야

하는 것이라는 점을 이해하고 스스로 포기하는 사례도 상당수 포착된다. 개인적인 생각으론 이 같은 결과도 창업 후원 못지않게 중요하다.

우리 실전창업스쿨 강사들은 모두 우리 지역 출신으로 실제 창업 경험이 있고 멘토링을 겸하는 창업 전문가들이다. 따라서 강의 후에도 꾸준히 연락할 수 있도록 네트워크를 유지한다. 이는 창업자들에게는 한 번의 강의 수강뿐만 아니라 지속해서 도움을 줄 수 있는 시스템으로, 여타 창업 기관들이 운영하는 창업스쿨과는 근본적으로 다른 점이다.
실전창업스쿨은 강의를 통해 창업에 대한 열정이나 아이디어를 스스로 점검할 수 있는 기회를 제공한다. 이 과정이 창업의 디딤돌이 되기도 하고, 어떤 이들에겐 부족함을 느끼는 계기가 돼 스스로 포기하는 사례도 나온다. 이 같은 과정을 통해 가슴이 뛰는 것을 확인했다는 수강생들도 있다.

이들에겐 계속되는 멘토링 지원을 통해 본인의 아이디어를 구체화할

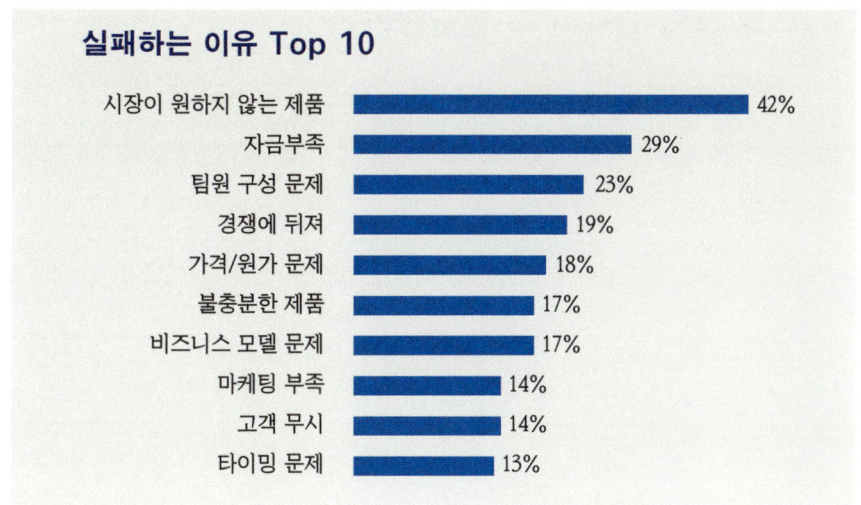

수 있는 기회를 제공해준다. 정부가 지원하는 각종 창업 자금 수혜로 이어지면 시제품을 만들 수 있는 기회를 가질 수 있게 되는 것이다. 창업스쿨로 시작해 본인의 아이디어를 실현해 볼 수 있는 기회까지 얻게 되는 셈이다.

　유명인 대부분은 초등학교 시절 교사들 영향이 가장 컸다고 말하곤 하는데, 창업 과정에선 기업가정신을 배우는 최초의 창업 스쿨이 초등학교 역할을 하고 있다. 이처럼 창업자들의 꿈과 열정이 시작되는 창업스쿨을 운영할 수 있다는 점에 감사드린다.

　또한 지역 창업자들을 응원하기 위해 단 한 번도 빠지지 않고 강사로 참여해 열강해주는 김병혜 K-ICT 멘토, 김정학 동구창업지원센터장, 최유진 광주사회적경제지원센터장, 임현섭 앤슬파트너스센터장, 김주영 대표께 이 자리를 빌려 진심으로 감사를 전한다.

왜 창업 교육이 꼭 필요한가?

"창업은 혼자서 할 수 없다. 그리고 아무것도 모르고 해서는 더더욱 안 된다."

창업을 꿈꾸는 대부분 사람은 비슷한 출발점에 서 있다. 좋은 아이디어 하나 가슴에 품었고, 열정도 하나 다리에 묶어 두고 이제 출발선 앞에 서 있다. 하지만 창업은 마음만으로 되는 일이 아니다. 실제로 창업 후 1년 내 폐업하는 비율은 50%를 넘고, 5년 이상 생존하는 기업은 30%에도 미치지 못한다.

그 이유는 뭘까? 창업 실패 부동의 1위는 '시장이 원하지 않는 제품'이다. 시장이 무엇을 원하는지를 고민하는 게 아니라 '뭘 할까?' 고민하다가 그 답을 정하면 무작정 창업해서 생긴 결과다. 무엇을 할지 정하면 그것에 대한 세부적인 내용을 다 살펴봐야 하는 것 아닌가? 국제적으로 어떤 상황이며, 우리나라에서는 어떤 고객을 대상으로 상품을 팔아야 하며, 디자인을 타깃 연령대 고객이 좋아하는지 싫어하는지도 조사해야 한다. 자신이 사업을 영위하려는 지역과 어울리는지도 살펴야 하고, 법적으로 문제가 없는지도 알아봐야 한다. 그런데 아이템 하나 정하고는 교육

하나 듣지 않고 곧바로 사업체부터 차리고 사무실이나 업장 실내장식에 나선다.

창업자들이 어디에 사고의 중심을 두고 창업하는지 사례를 들어보면 대개 다 비슷하다. 많은 창업자가 자신이 만든 제품을 중심에 두고 사업을 설계한다. 그러나 창업의 핵심은 제품이 아니라 '고객'이다. 고객이 원하지 않으면, 아무리 멋진 기술과 제품이라도 시장에서 외면당한다. 창업 교육은 '고객의 요구에서 출발하는 사고법'을 훈련한다. "나 같으면 이걸 살까?"가 아니라, "이 제품이 정말로 누군가의 문제를 해결해줄 수 있을까?"라는 질문을 던지게 만든다. 이런 고객 중심 사고는 '아이디어 → 프로토타입 → 고객 피드백 → 제품 개선'이라는 창업의 선순환 구조를 민드는 헥심이다.

창업 교육은 왜 필요한가? 실패하는 창업자 대부분이 '몰라서 실패'하기 때문이다. 몰라서 잘못된 타이밍에 시작하고, 몰라서 제품 개발에만 집중하다 고객을 놓치고, 몰라서 회계나 세무 처리에 발목이 잡히고, 몰라서 투자자에게 외면당한다. 바로 이 지점에서 창업 교육이 필요한 이유가 생긴다.

창업은 '감'이 아니라 '과정'이다
- 단계별로 배워야 실행할 수 있다

창업은 단순히 '좋은 아이디어'만으로 되는 일이 아니다. 실제로는 다음과 같은 구체적인 과정이 필요하다.

문제 정의	어떤 고객의 어떤 불편을 해결할 것인가?
시장 분석	내가 만든 제품이나 서비스의 수요는 어디에 있는가?
비즈니스 모델 설계	어떻게 수익을 낼 것인가?
MVP 개발	고객 반응을 테스트할 최소 기능 제품을 어떻게 만들 것인가?
마케팅 전략	고객에게 어떻게 알릴 것인가?
재무 계획 및 자금 조달	수익 구조와 운영 자금을 어떻게 설계할 것인가?
법·세무·고용·지식재산권	창업자가 반드시 알아야 할 기본 제도.

창업교육은 네트워크이자, 기회의 시작점이다

좋은 교육은 단지 정보를 주는 것을 넘어서 멘토, 동료 창업자, 선배, 투자자, 기관과의 연결고리를 만들어줍니다. 창업교육 과정에서 만난 동료들과 팀을 꾸리기도 하고, 강사로 참여한 VC의 소개로 투자 유치로 이어지기도 합니다. 이러한 인맥과 커뮤니티는 책으로 배울 수 없는 창업자의 성장 인프라입니다.

왜 정부나 지자체의 창업 지원사업을 받아야 하는가?

정부나 지자체의 창업 지원은 자금을 융통해주는 차원에서 그치는 것이 아니다. 창업과 창업 이후의 여러 가지 험난한 과정을 도와주고 지원해준다. 아주 쉽게 이해를 돕자면, 인허가 문제를 정부나 지자체의 도움 없이 해결할 수 있겠는가! 정부나 지자체의 업무는 언제나 열려있다는 걸 유념하고 창업을 준비하고, 실행해나가면 좋은 점이 많다.

공신력과 신뢰의 상징

정부 창업 지원 사업에 선정되었다는 것은 전문가 평가를 통과한 '검증된 창업자'라는 뜻이다. '정부 인증'은 외부 투자자, 대기업 구매자, 마케팅 파트너에게 신뢰성과 안정성을 어필할 수 있는 강력한 무기가 된다. 또한, 정부 사업 선정 이력은 후속 투자 유치, 정책자금 대출, 기술 보증 등 다양한 제도적 혜택의 기반이 된다. 실제로 많은 스타트업이 "정부 지원사업을 통과한 것이 초기 투자 유치에 결정적이었다"고 말한다.

사업화 리스크를 줄여주는 '안전장치'

창업의 본질은 '불확실성'이다. 아이디어가 시장에서 통할지, 제품이 개발될 수 있을지, 고객이 실제로 구매할지 등 수많은 리스크를 마주해야 한다. 어느 단계에나 리스크는 있지만 사업 초기에는 리스크가 사업을 접는 최대 요인이다.

중기부의 창업 지원 사업은 이 과정을 단순한 개인의 몫으로 돌리지 않는다. 무상으로 지원하는 사업화 자금으로 창업자는 초기 비용 부담 없이 실험하고 도전할 수 있다. 전문가 멘토링과 상시 컨설팅 체계는 창업 과정에서 겪는 문제를 함께 해결해주는 가이드 역할을 한다. 시장 검증MVP 테스트, 고객 인터뷰, 시제품을 지원해 제품 출시 전에 실패 요인을 미리 짚검힐 수도 있다. 이러한 종합직 시스템 덕분에 창입자가 겪을 수 있는 금전적, 정신적 손실을 줄이고 성공 확률을 높일 수 있습니다.

창업 생태계와 연결되는 '성장 네트워크'

창업은 혼자 할 수 없다. 기술, 마케팅, 유통, 투자, 글로벌 진출 등 수많은 협력이 필요한 여정이다. 중기부의 지원사업은 이 연결의 중심에 있다. 지역 창업 지원 기관창조경제혁신센터, 대학 등을 통해 전문가·후배 창업자· 멘토들과 연결된다. 사업에 따라 액셀러레이터, 벤처캐피털, 유통사 등 민간 네트워크와의 연결도 이루어진다. 팁스TIPS, 창업 도약 패키지, 글로벌 진출 지원 등 후속 연계사업으로 확장 기회를 열어준다. 즉, 정부 사업에 참여하는 순간 '연결된 창업 생태계'의 일원이 되는 것이며, 이는 단순한 자금 이상의 가치를 갖고 있다.

창업	창업문화 확산 ~ 강소기업 육성까지 **성장단계별**
지원체계	**핵심 지원프로그램 운영**

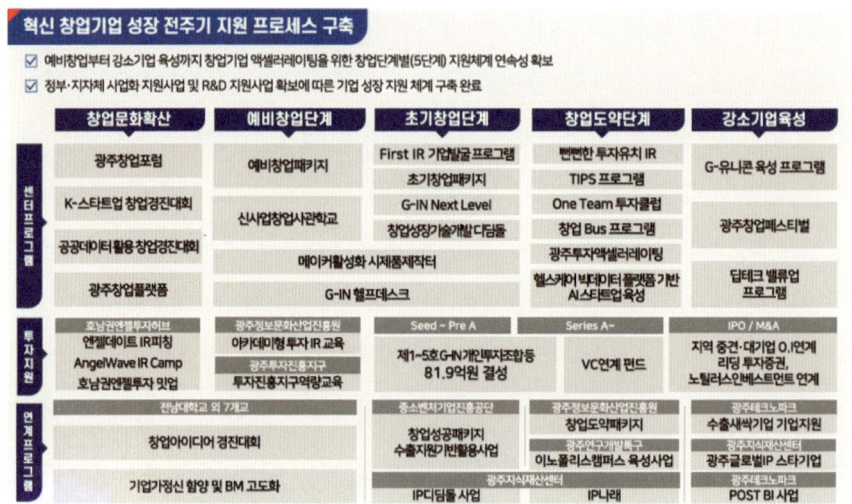

실패를 용인하고 재도전을 지원하는 시스템

창업에 실패는 흔하다. 그러나 중요한 것은 실패 후의 선택이다. 중기부는 실패한 창업자에게 '재도전' 기회를 제도적으로 보장한다. 재도전 성공 패키지는 실패 경험이 있는 창업자에게 다시 자금과 멘토링, 컨설팅을 지원한다. 재창업자 전용 보증/투자제도, 실패 경험을 반영한 맞춤형 교육 프로그램도 마련되어 있다. 이는 단순한 2차 기회가 아니라, 실패를 자산화하여 더 나은 창업으로 이끄는 '정책 철학'이다.

정부나 지자체의 창업 지원 사업은 단순한 돈이 아니다. 실패를 두려워하지 않고 도전할 수 있는 용기, 실험할 수 있는 자율성, 연결될 수 있는 생태계, 그리고 다시 시작할 수 있는 발판을 제공한다. 지금 창업을 준비하고 있다면, 창업 지원 정책은 꼭 필요한 공공 파트너다.

주요 창업 지원사업 상세 설명

1. 예비창업패키지

   - 대상: 예비창업자 (사업자 등록 이력 없는 분)
   - 지원금: 평균 5천만 원
   - 내용: 사업화 자금 및 창업프로그램
     (BM 수립, 아이템 구현, 투자 유치, 주관기관별 자율 프로그램 등) 지원
   - 모집 시기: 매년 2월~3월 예정 (K-Startup 공고 참고)

2. 초기창업패키지

   - 대상: 창업 후 3년 이내 초기 창업 기업
   - 지원금: 최대 1억 원(평균 7천만 원) / 자부담 사업비 일부 포함
     (현금 10% 이상 + 현물 20% 이하)
   - 내용: 사업화 자금 및 창업프로그램(BM 고도화, 시제품 제작, 마케팅, 투자 유치, 주관기관별 자율 프로그램 등) 지원
   - 모집 시기: 매년 2월~3월 예정 (K-Startup 공고 참고)

3. 재도전 성공 패키지

   - 대상 : 폐업 이력 보유 예비 재창업 자 또는 7년 이내 재창업기업
   - 지원금 : 최대 1억 원(평균 7천만 원) / 자부담 사업비 일부 포함

	(현금 5% 이상 + 현물 20% 이하)

내용 :   사업화 자금, 재창업 교육 및 멘토링 등 사업화 지원과
         민·관 협업을 통한 투자 연계, 판로개척 지원

후속지원 :   기술보증기금 보증상품 연계(협약종료 이후 최종 성과평가
            등급 '우수' 이상이면서 기술보증기금 보증조건 충족 창업
            기업 추천)

모집 시기 :   매년 2월~3월 예정 (K-Startup 공고 참고)

4. TIPS 프로그램 (Tech Incubator Program for Startup)

대상 :   기술 기반 스타트업
        (창업 7년 이내, 매출액 20억 원 미만 기업)

지원내용 :   광주창조경제혁신센터 등 TIPS 운영사로부터 선 투자
            (1억 원 이상)를 받고, 운영사의 추천을 통해 TIPS
            프로그램 선정 시 정부 R&D 자금 5억 원 + 후속 연계 지원
            (창업 사업화, 해외 마케팅 / 각 1.5억 원) 등 최대 8억 원
            규모 지원

주요 지원내용
　민간 액셀러레이터(VC, 전문운영사)가 선발하고 정부가 공동 지원
　기술개발(R&D), 사업화, 해외 진출, 고급인재 채용 등

특징
　스타트업계 '엘리트 과정'
　고속 성장 가능성이 큰 기술 스타트업 중심
　민간과 정부가 함께 '성장'을 지원하는 모델

결국,
창업교육은 '실패 확률을
낮추는 사전 투자'다

창업에는 언제나 리스크가 따릅니다. 그러나 준비된 사람만이 그 리스크를 감내하고, 극복하고, 성장할 수 있습니다. 창업교육은 성공을 보장하진 않지만, 실패의 깊이와 횟수를 줄여주는 현실적인 무기입니다.

정부 지원으로 코스닥 상장에 성공한 에스오에스랩

㈜에스오에스랩은 광주창조경제혁신센터의 보육기업이다. 어느 기업이든 성공 뒤에는 다양한 기관의 지원이 있었고, 에스오에스랩 또한 예외가 아니다. 광주창경을 비롯해 청년창업사관학교청창사, 광주연합기술지주, 전남대기술지주 등 지역의 창업 지원 기관들뿐만 아니라 광주광역시의 전폭적인 지원도 함께했다.

정지성 ㈜에스오에스랩 대표는 광주과학기술원GIST의 모의 창업프로그램에서 만난 박사과정 4명과 의기투합해 2016년 6월 광주에서 창업했다. '에스오에스랩Smart Optical Sensors Lab'이라는 사명에는 '빛을 이용해 거리와 공간을 측정하는 기술을 활용한다'는 의미가 담겨 있다.

이 회사는 자율주행 모빌리티와 웨이퍼 운송 장치OHT, 무인자동 로봇AGV 등에 적용되는 라이다LiDAR, 레이저를 활용해 사물과의 거리 및 다양한 물성을 감지하는 기술 제품을 제조하고, 관련 솔루션을 제공하는 기업이다.

현재 로봇, 자동차, 산업 안전·보안 등 다양한 분야에서 두각을 나타내고 있으며, 미국의 벨로다인과 쿼너지, 이스라엘의 이노비즈와 함께 세계

G-유니콘 지원사업 대상 에스오에스랩

2016년 광주에서 출범한 에스오에스랩은 3D 고정형 라이다를 개발하며 사업 단계를 하나씩 밟아 나갔다. 정지성 대표는 창업을 시작한 광주에서 기업을 성장시켰다. 그 결과 현재 광주 본사에만 수십 명의 직원이 근무하고 있으며, 꾸준히 지역 인재를 채용하고 있다.

4대 라이다 업체로 꼽힌다. 또한, 영국 파이낸셜타임스가 발표하는 아시아 태평양 고성장 기업에 2022년과 2023년 연속 선정됐으며, 현재까지 국내외에서 158건의 라이다 관련 특허를 보유하고 있다.

현재는 세계 시장을 향해 성장하고 있지만, 창업 초기에는 적지 않은 시행착오를 겪었다.

공학박사 출신인 정 대표도 기술 외에 자금, 세금, 마케팅 등 경영 분야에서 어려움을 겪었고, 이를 각종 지원사업을 통해 해결하며 사업의 완성도를 높여갔다.

특히, 수도권이 아닌 지역에서 창업한 스타트업으로서 어려움도 컸다. 가장 큰 문제는 전문 인력 확보와 투자 유치였다. 수도권에는 창업을 위한 인프라가 잘 마련되어 있고, 대규모 투자 자금도 집중돼 있다. 그렇다 보니 많은 창업자가 가능하면 서울에서 창업하려 한다. 사업에 성공하려면 본사를 서울로 이전해야 한다는 투자자들의 강력한 권고도 있었다.

정 대표는 창업을 시작한 광주에서 끝까지 사업을 키우겠다는 강한 의지를 다졌고, 결국 본사를 유지한 채 기업을 성장시켰다. 그 결과 현재 광주 본사에만 수십 명의 직원이 근무하고 있으며, 꾸준히 지역 인재를 채용하고 있다.

2016년 광주에서 출범한 에스오에스랩은 3D 고정형 라이다를 개발하며 사업 단계를 하나씩 밟아 나갔다. 퓨처플레이, 한국투자증권, 현대투자파트너스 등 국내 대표적인 벤처캐피털VC로부터 투자받았고, 2024년 6월 코스닥 상장을 통해 본격적인 세계 시장 공략에 나섰다. 이는 지역에서 창업한 스타트업이 정석대로 성장한 대표적인 사례로 꼽힌다.

창업을 지역에서 했을 때의 장점에 대해 정지성 대표는 다음과 같이 말한다.

"우리나라는 정부 차원에서 지역 균형 발전을 중요하게 생각하고 있습니다. 따라서 해당 지역에서 1등을 하면 서울에서 무한 경쟁을 하는 것보다 더 효과적일 수도 있습니다. 특정 지자체와 지역 지원 기관, 로컬 펀드로부터 다양한 지원사업, 실증, 투자를 빠르게 받을 수 있고, 이를 기반으로 글로벌 진출도 가능합니다."

실제로 서울의 한 기업은 광주에 지사를 내고, 공장과 연구소를 등록해 지역 예산을 활용하는 전략을 취하기도 한다.

지역마다 특화된 산업과 창업 아이템이 있다. 광주의 경우 자동차, 인공지능AI, 광산업이 주력 산업인데, 에스오에스랩이 개발하는 라이다 기술이 이들과 맞물리면서 더욱 빠르게 성장할 수 있었다.

에스오에스랩이 코스닥에 상장하던 2024년, 광주에 본사를 둔 코스닥 상장기업은 10개였다. 대전의 47개와 비교하면 여전히 부족한 수준이지만, 수도권과 대전의 창업 인프라가 상대적으로 더 잘 갖춰져 있다는 점을 고려하면 결코 적은 숫자가 아니다.

특히, 에스오에스랩이 학생 창업으로 시작한 지 단 8년 만에 코스닥에 상장했다는 점이 고무적이다. 공부를 잘하는 학생들이 선택할 수 있는 다양한 안정적인 길이 있음에도 불구하고, 절대 쉽지 않은 창업의 길을 선택하고 끝까지 본사를 지역에 둔 정 대표의 결단력이 놀랍고도 기특하다.

이런 사례들이 지역 대학생들은 물론이고 일반 창업자들에게도 좋은 본보기가 되어 창업 생태계가 더욱 활성화되기를 바라며, 앞으로도 힘차게 응원하겠다.

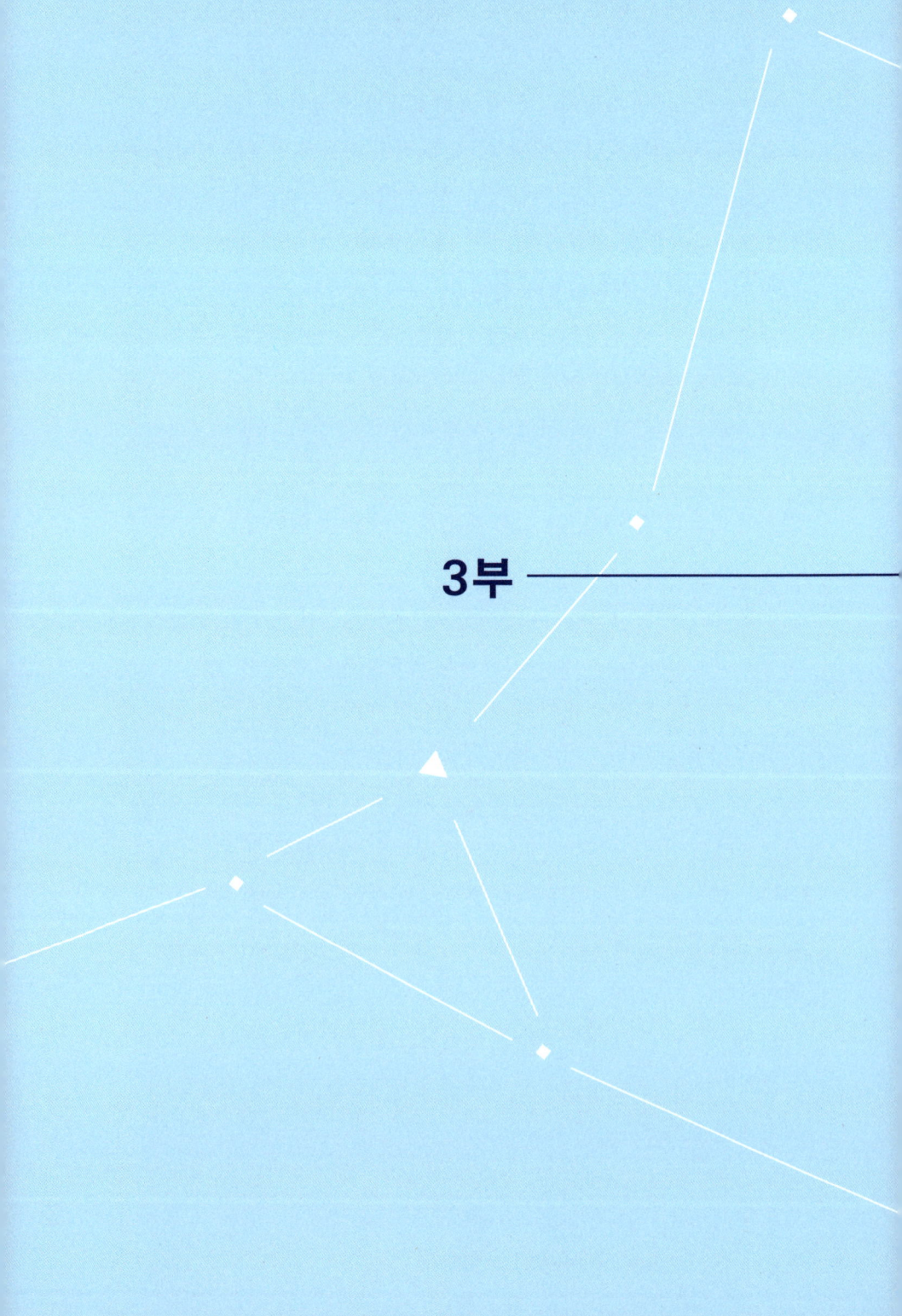

3부

빅마트 경영기

지역민들의 가처분소득을 높이자

창업자들이 처음 만나는 멘토나 투자자들에게 가장 많이 받는 질문은 "궁극적으로 무엇을 하고 싶은가?"이다. 이는 단순한 호기심이 아니라, 창업자의 비전과 전략을 확인하기 위한 중요한 질문이다. 비전과 전략은 조직이 목표를 설정하고 달성하는 과정에서 핵심적인 개념이지만, 각기 다른 역할을 한다.

비전Vision은 조직이 궁극적으로 도달하고자 하는 목표나 이상적인 미래상을 의미한다. 단순한 목표 설정이 아니라 조직이 존재하는 이유와 방향성을 제시하는 역할을 하며, 장기적인 관점에서 구성원들에게 공통된 목표를 공유하고 동기를 부여한다. 예를 들어, 한 기업이 "세계 최고의 친환경 자동차 기업이 되겠다"는 비전을 설정한다면, 이는 단기적 목표가 아니라 장기적인 방향성을 의미한다.

반면, 전략Strategy은 이러한 비전을 실현하는 데 필요한 구체적인 실행 계획과 접근 방식을 의미한다. 전략은 현실적인 시장 상황을 고려해 목표를 달성하기 위한 방법을 설계하는 과정이며, 보통 단기에서 중기적인 계획을 포함한다. 전략은 변화하는 환경에 따라 유연하게 수정될 수 있으며, 경쟁력을 확보하기 위해 다양한 방식으로 실행될 수 있다. 예를 들어, 친환경 자동차 기업이 비전을 실현하기 위해 "전기차 기술개발을 위한 연구개발R&D 투자 확대 및 세계 시장 진출"이라는 전략을 세울 수 있다.

빅마트를 운영했을 때, 모든 매장의 직원들은 아침 모임이나 회의, 개업식 같은 공식 행사에서 '빅마트 비전'을 선창하며 하루를 시작했다. 빅마트의 비전은 "전 국민의 가처분소득 증대를 위해 좋은 상품을 가장 저렴하게 제공한다"는 것이었다.

가처분소득Disposable Income이란 개인 또는 가구가 세금과 각종 의무적 공제를 제외한 후 자유롭게 사용할 수 있는 금액을 의미한다. 즉, 월급이나 기타 소득에서 소득세, 국민연금, 건강보험료 등 필수적으로 지출해야 하는 금액을 제외한 후 실제로 소비, 저축, 투자에 활용할 수 있는 돈을 말한다.

나는 빅마트를 통해 국민의 가처분소득을 늘리는 데 기여하고 싶었다. 더 낮은 가격에 좋은 상품을 제공함으로써 소비자들이 생활비 부담을 줄이고, 절약한 금액을 다른 가치 있는 소비나 저축에 활용할 수 있도록 하고자 했다.

당시 국내 유통 시장을 살펴보면, 같은 상품이라도 지역에 따라 가격에 차이가 있었다. 예를 들어, 25인치 삼성 TV가 서울에서 100만 원에 팔린다면, 광주에서는 105만 원, 영암에서는 110만 원을 주고 사야 하는 상황이었다. 이는 서울보다 소득 수준이 낮은 지방 소비자들이 더 큰 비용을 지출해야 한다는 뜻이었고, 나는 이를 불공정한 구조라고

광주첨단점 개점 모습

나는 빅마트를 통해 국민의 가처분소득을 늘리는 데 기여하고 싶었다. 더 낮은 가격에 좋은 상품을 제공함으로써 소비자들이 생활비 부담을 줄이고, 절약한 금액을 다른 가치 있는 소비나 저축에 활용할 수 있도록 하고자 했다. 빅마트 광주첨단점 개점에 광주 시민이 인산인해를 이루었다.

생각했다.

지역에 따라 가격이 차이 나는 이유는 당시 우리나라 소매업이 여전히 전통시장과 소규모 슈퍼마켓에 의존하고 있었기 때문이었다. 근대화하지 못한 유통 구조로 인해 중간 유통 비용이 높아지고, 소비자들은 그 부담을 떠안아야 했다.

반면, 미국에서는 유명한 월마트를 선두로 창고형 대형 할인점이 활성화되며 대량 구매를 통한 원가 절감과 저렴한 가격으로 소비자들에게 혜택을 돌려주는 모델이 자리 잡고 있었다. 일본에서도 이 모델이 성공적으로 정착되고 있었기에, 나는 이 방식을 광주에도 도입하고자 했다.

한 가구가 한 달 식비와 생활용품 구매비로 50만 원을 지출한다고 가정했을 때, 빅마트에서 20% 저렴한 가격에 상품을 구매한다면 40만 원으로 같은 소비가 가능하다. 이 경우 가구당 10만 원의 가처분소득이 증가하는 셈이다. 단순히 빅마트를 꾸준히 이용하는 것만으로도 1년에 120만 원 정도의 가처분소득을 확보할 수 있다. 이는 당시 신입사원의 한 달 치 월급에 육박하는 금액이었다.

이렇게 확보된 가처분소득은 생활비, 여가 활동, 저축 같은 다양한 방식으로 활용될 수 있으며, 개인의 경제적 자유와 소비 수준을 결정하는 중요한 요소가 된다. 더 나아가 국민 전체의 가처분소득이 증가하면 소비 여력이 커지고, 이는 경제 성장으로 이어질 수 있다. 최근 논의되는 기본소득 개념과도 연결될 수 있는데, 나는 빅마트를 통해 단순한 가격 경쟁을 넘어 광주시민들의 실질적인 경제력 향상에도 이바지하고자 했다.

도매가보다 낮은 가격으로 상품을 판매하자, 광주뿐만 아니라 전남과 전북 지역의 소비자들과 소매업자들에게도 큰 반향을 일으켰다.
소비자들은 환호했지만, 기존 유통 구조에서 이익을 보던 도매상들과 일부 제조업체들은 반발했다. 도매상들은 단체로 매장 앞에서 가격 인상을 요구하며 시위를 벌였고, 일부 제조업체들은 자사 제품이 시장 가격보다 낮게 판매된다는 이유로 공급을 중단하며 압력을 가했다. 그러나 빅마트는 시민들에게 좋은 상품을 더 저렴하게 제공한다는 비전을 갖고 있었다. 광주 시민은 우리의 비전을 믿었고, 그 덕분에 우리는 흔들리지 않고 소신을 지킬 수 있었다. 결국, 시장의 변화는 불가피했고, 시간이 지나면서 점차 대형 할인점 모델이 국내 유통업계 전반에 자리 잡게 되었다.

모든 시장에서 독점은 용인될 수 없다. 빅마트의 성장으로 인해 지역의 소규모 소매업체들은 어려움을 겪기도 했다. 하지만 경쟁이 심화하면서 지역 소매업체들도 가격 경쟁력을 강화하고, 더 나은 서비스와 차별화한 전략을 모색하는 계기가 되었다.
나는 항상 지역 소매업체들이 겪은 어려움에 대한 책임감을 느꼈으며, 이를 보완하기 위해 지역사회 공헌 활동에 더 적극적으로 참여했다. 유통 혁신이 소비자들에게 혜택을 주는 동시에, 기존 시장 참여자들에게는 도전과 변화의 기회를 제공해야 한다고 생각했기 때문이다.
빅마트는 단순한 유통업체가 아니라, 소비자들의 실질적인 경제적 여건을 개선하는 플랫폼이 되고자 했다. 소비자들에게 더 나은 가치를 제공하는 것이 곧 지역 경제 활성화로 이어진다는 믿음이 있었기에, 혁신을 멈추지 않았다.

빅마트 비전 달성을 위한 저비용운영 전략

나는 빅마트를 운영하면서 항상 고민했다. 빅마트의 비전은 "전 국민의 가처분소득 증대를 위해 좋은 상품을 가장 저렴하게 제공한다"는 것이었다.
어떻게 하면 조금이라도 이익을 내면서 소비자들에게 최저가 상품을 제공할 수 있을까? 대형 유통업체들과 경쟁해야 하는 상황에서, 그들보다 상품을 싸게 사 올 수 있는 방법이 있을까? 이런 고민 끝에 빅마트만의 저비용 운영 전략을 세우고 실행에 옮겼다.

창고형 매장 운영으로 유지비 절감

기존 대형 마트들은 고급스러운 실내장식과 화려한 진열 방식으로 고객들의 눈길을 끌려고 했다. 하지만 나는 매장의 실내장식을 최소화하고 창고형 구조를 도입했다. 상품을 박스째 쌓아 두고, 고객들이 직접 가져가게 하는 방식이었다. 덕분에 매장 유지보수 비용을 줄일 수 있었고, 물류비도 절감할 수 있었다. 기존 할인점들이 직원들을 배치해 상품을 정리하고 진열하는 데 비용을 쓰는 반면, 우리는 단순한 방식으로 운영하며 인건비까지 줄일 수 있었다.

대량 구매와 직거래로 원가 절감

공급망을 혁신하는 것이 핵심이었다. 기존 유통 구조에서는 도매상을 거쳐 상품이 들어오다 보니, 수수료가 쌓여 최종 판매 가격이 높아질 수밖에 없었다. 나는 과감하게 제조업체와 직접 거래하는 방식을 도입했다. 물론 처음에는 제조업체들이 거부감을 느꼈다. 하지만 내가 꾸준히 설득하고, 안정적인 물량을 약속하자 차츰 직접 공급이 가능해졌다. 이렇게 해서 유통 비용을 없애고, 고객들에게 더 저렴한 가격으로 상품을 제공할 수 있었다.

광고비 절감과 입소문 마케팅

대형 유통업체들은 TV 광고와 전단을 통한 마케팅에 막대한 비용을 지출했다. 하지만 나는 광고비를 절감하는 전략을 선택했다. 입소문이 가장 강력한 마케팅 수단이라는 것을 알고 있었기 때문이다. 회원제 운용을 통해 충성 고객을 확보하고, 이들이 자발적으로 빅마트를 홍보할 수 있도록 유도했다. '여기 가면 정말 싸다'라는 이야기가 퍼지면 자연스럽게 새로운 고객들이 찾아올 것이라 확신했다. 실제로 이 전략은 성공적이었다.

최소 인력 운영과 멀티태스킹 시스템

나는 매장을 운영하면서 불필요한 인건비를 줄이기 위해, 직원들에게 다양한 업무를 수행하도록 했다. 계산원이 재고 정리를 하고, 매장 직원이 고객 응대와 상품 정리를 동시에 하도록 했다. 이렇게 해서 최소한의 인력으로도 원활한 운영이 가능했다. 또한, 최고의 결제 시스템을 도입하여 초보자라도 쉽게 계산업무를 할 수 있도록 하고, 불필요한 대기 시간을 줄였다.

물류 효율화를 통한 비용 절감

상품이 빠르게 입고되고, 바로 판매될 수 있도록 물류 시스템을 효율화하는 것도 중요한 과제였다. 기존 유통업체들은 대형물류센터를 세우고 재고를 두고 운영했지만, 이는 재고가 많아져 비용이 증가했다. 나는 제품이 매장에 도착하자마자 바로 판매될 수 있도록 프로세스를 간소화했다. 이를 위해서 전국의 대형유통업체 사상 처음으로 지역의 대리점들과 거래했다. 이로써 창고 운영 비용을 크게 줄일 수 있었고, 소비자들에게 신선한 상품을 저렴하게 제공할 수 있었다.

로컬 생산업체와 협업

기존 유통업체들은 대형물류센터를 세우고 재고를 두고 운영했지만 빅마트는 지역 대리점이나 생산업체들과 협업하는 방식을 택했다.

지역에서 생산된 상품을 매장에서 직접 판매할 수 있도록 유도하여 물류비를 절감하고, 지역 경제 활성화에도 이바지할 수 있었다. 생산업체들은 안정적인 판로를 확보할 수 있었고, 소비자들은 신선하고 저렴한 상품을 구매할 수 있는 윈-윈 전략이었다.

소비자와 함께 성장하는 빅마트

이러한 운영 전략 덕분에 빅마트는 초저가 정책을 유지하면서도 지속해서 성장할 수 있었다. 고객들은 저렴한 가격에 만족했고, 가처분소득이 증가하면서 더 많은 소비를 할 수 있었다. 나는 단순히 마트를 운영하는 것이 아니라, 소비자들의 실질적인 경제력을 높이는 데 기여하고 있다는 자부심을 느낄 수 있었다.

물론 저비용 운영 전략이 항상 순탄했던 것은 아니다. 기존 유통업체들의 견제도 있었고, 도매상들의 반발도 심했다. 하지만 나는 확신이 있었다. "소비자가 원하는 방향으로 가는 것이 정답이다."

유통업 최초, 소사장제PC, Profit Center 경영

기업이 성장하면서 필연적으로 겪는 문제 중 하나는 관료주의와 부서 간 장벽Silo Effect이다. 이러한 문제는 의사결정의 지연과 불필요한 비용 증가로 이어지며, 현장에서 고객을 응대하고 상품을 관리하는 사람들보다 이를 관리하는 인력이 더 많아지는 비효율적인 구조를 만든다. 결국, 배보다 배꼽이 더 큰 상황이 발생하는 것이다.

이러한 악순환을 해결하기 위해 창업 초기부터 새로운 경영 방식을 연구해 왔다. 그리고 2005년, PCProfit Center 경영이라는 새로운 모델을 도입하게 되었다. 빅마트가 성장하고 매장 규모가 커지면서 직원 수도 증가했고, 이에 따라 효율적인 경영 시스템이 필요하다는 고민이 끊이지 않았다. 그러던 중 우연히 접한 것이 바로 아메바 경영이었다. 점장들과 팀장급 이상의 간부들에게 『아메바 경영』이라는 책을 선물하고 모두 읽어보도록 했다. 이후 워크숍을 진행하며 우리가 나아가야 할 방향을 논의했고, 점차 이를 각 매장의 중간 관리자와 일반 직원들에게까지 확장해 나갔다. 빅마트의 PC 조직은 보통 5~10

명 규모로 운영되며, PC장, 매니저, 아르바이트 직원, 주부 사원 등이 포함된다.

PC 경영은 일본 교세라 그룹의 창업자 이나모리 가즈오稲盛和夫가 창안한 아메바 경영에서 영감을 받은 개념이다. 기업을 작은 독립적인 셀Cell 또는 이익 중심 조직Profit Center 단위로 나누어, 각 조직이 독립적으로 운영하고 수익을 창출하도록 유도하는 방식이다. 기업 내 각 부서는 하나의 작은 회사처럼 운영되며, 각 조직의 책임자는 의사결정을 직접 내리고 경영 성과를 관리한다. 이를 통해 조직 구성원들의 주인의식을 강화하고, 신속한 의사결정을 가능하게 하며, 조직 전체의 효율성을 극대화할 수 있다.

빅마트의 PC 경영은 아메바 경영의 개념을 유통업에 맞춰 적용한 사례다. 기존 대형 유통업체들은 본사 중심의 관료적 구조로 되어 있지만, 빅마트는 직원들에게 실질적인 경영책임과 권한을 부여하여, 각자가 자신의 매장을 운영하는 것처럼 이익 창출에 참여하도록 유도하는 시스템을 만들었다.

예를 들어, 빅마트 주월동 본점의 신선식품, 가공식품, 생활용품 부서는 각각 독립적인 운영 단위가 된다. 각 부서의 책임자는 자신이 운영하는 매출과 비용을 직접 관리하며, 각 부서의 성과를 매월 말 종합 평가하고, 분기별로 우수 부서에 성과급을 지급한다. 이를 통해 직원들은 단순한 업무 수행자가 아니라, 경영자로서 주인의식을 가지고 매장 운영에 참여하게 된다.

또한 실시간 성과 분석 및 경영 관리 체계를 구축하여 매출, 비용, 이익 등의 경영 데이터를 실시간으로 분석하고 최적의 경영 전략을 수립할 수 있도록 했다. 경영관리팀은 PC별 비용을 분석하고, 경영 목표를 설정할 수 있도록 지원하며, 이를 통해 조직의 운영 효율성을 높이는 지원자 역할을 한다.

아메바 경영과 PC 경영은 조직을 작은 단위로 운영하여 독립적인 경영을 유도한다는 점에서 공통점을 가진다. 두 방식 모두 직원들에게 주인의식을 부여하고, 책임감 있는 경영을 추진하는 것을 목표로 한다. 또한 성과 중심의 성과급과 보상 체계를 운영하여 직원들의 동기부여를 강화하고, 경영 데이터를 분석하여 실시간 성과 관리를 가능하게 한다. 하지만 몇 가지 차이점도 존재한다. 아메바 경영은 기업 전반을 작은 조직 단위로 나누어 운영하는 전사적인 경영 모델이지만, PC 경영은 주로 유통업과 같은 서비스업 중심으로 적용되며, 매장의 각 부서를 독립적인 이익 창출 단위로 운영하는 방식이다. 아메바 경영은 조직의 성과를 '시간당 부가가치'라는 수치로 평가하는 반면, 빅마트 PC 경영은 각 부서의 매출, 이익, 비용 절감 성과를 중심으로 관리한다. 또한 아메바 경영은 조직 내 모든 직원이 경영에 참여하는 방식이지만, PC 경영은 부서별 책임자를 중심으로 경영책임을 부여하는 방식이다.

빅마트는 PC 제도를 도입한 첫해인 2005년, 전년 대비 매출 20% 증가, 이익 40% 성장이라는 획기적인 성과를 거두었다. 이러한 성과 덕분에, 이후 빅마트가 롯데유통에 인수될 당시 롯데 측에서는 직원들의 경영 마인드에 놀라움을 감추지 못했다. 특히, 입사 1년 차 신입사원조차도 매출 목표, 비용, 이익 목표 등 주요 경영 지표를 숙지하고 있었던 점이 롯데 유통 관계자들에게 깊은 인상을 남겼다. 이는 단순한 업무 수행이 아니라, PC 경영을 통해 직원들이 자연스럽게 경영 감각을 익혔다는 것을 보여주는 사례다.

PC 경영은 단순히 대형 유통업체만을 위한 시스템이 아니다.

스타트업이나 중소기업 역시 초기 단계를 지나서 경쟁력을 확보하고 비용을 절감해야 하는 단계에서는 PC 경영을 도입하는 것이 효과적인 전략이 될 수 있다. 스타트업의 경우, 각 팀이나 프로젝트 단위를 하나의 소규모 독립 조직 Profit Center으로 운영함으로써 책임 경영을 강화할 수 있다. 중소기업은 기존의 수직적인 조직 구조에서 벗어나 각 부서가 자율적인 경영권을 갖고 성과를 창출할 수 있도록 유도할 수 있다. 이를 통해 조직 내 구성원들이 단순한 직원이 아니라, 회사의 이익 창출을 책임지는 주체로 성장할 수 있는 기회를 제공할 수 있다.

PC 경영은 단순한 시스템이 아니라, 조직 문화의 혁신을 위한 전략이다. 빅마트의 사례처럼, 책임을 부여받은 직원들은 더 높은 동기부여를 가지게 되고, 결국 기업의 지속가능성을 높이는 데 이바지할 수 있을 것이다.

세계 최초의 쇼핑 봉투 크리스마스트리

나는 기업이 단순히 이윤을 추구하는 곳이 아니라, 사회적 책임을 다해야 한다고 믿어왔다. 사회적 책임이 때로는 불편하지만, 올바른 방향이라면 해야 한다. 쇼핑 봉투 유료화는 바로 올바른 방향이라는 믿음으로 시작된 마케팅이었다.

1998년 1월, 빅마트에서 쇼핑 봉투 유료화를 전국 최초로 시행했을 때, 많은 이들이 놀랐다. 당시 쇼핑 봉투의 원가는 30~40원이었지만, 재활용이 어렵다는 것이 가장 큰 문제였다. 정부에서도 점차 규제를 논의하던 시점이었지만, 어떤 기업도 먼저 나설 용기를 내지 못하고 있었다. 하지만 우리는 고민 끝에 결단을 내렸다.

사실 처음 유료화를 제안한 것은 직원 중 한 명이었다. 그때만 해도 "설마 사람들이 돈을 주고 쇼핑 봉투를 사겠어?" 하는 의구심이 들었다. 하지만 곰곰이 생각해 보니 일리가 있었다. 다만, 소비자들에게 불편을 강요하는 것이 아니라, 자연스럽게 참여할 수 있도록 유도해야 한다는 것이 직원들의 공통된 의견이었다.

우리는 먼저 50원에 봉투를 판매한 뒤, 사용 후 다시 가져오면 환급해 주는 시스템을 도입했다. 이후 한발 더 나아가 한 번 사용된 봉투도 다시 판매하기로 했다. 단, 한 차례 사용된 봉투는 30원에 팔았고, 고객이 가져오면 사용 횟수와 관계없이 다시 50원을 돌려줬다. 소비자가 손해를 보지 않는 구조였다.

놀랍게도 이 정책은 고객들에게 큰 호응을 얻었다. 처음엔 "쇼핑할 때 봉투까지 돈을 내야 하느냐"는 불만도 있었지만, 시간이 지나면서 점점 인식이 바뀌기 시작했다. 사람들은 단순히 비용을 절약하기 위해서가 아니라, 환경 보호를 위한 실천으로 이 변화를 받아들이기 시작한 것이다. 광주시민들의 반응은 특히 인상적이었다. 누군가는 집에서 사용한 봉투를 깨끗이 씻어 다시 가져왔다. 그 이유를 물어보면, "다른 사람이 또 써야 하니까요."라는 답이 돌아왔다. 그때 나는 확신했다. 변화는 강요로 이루어지는 것이 아니라, 사람들이 스스로 깨닫고 동참할 때 진정한 의미가 있다는 것을.

이러한 움직임은 시민단체와의 협업으로 이어졌다. 광주환경운동연합과 공동 캠페인을 펼치면서, 우리는 비닐봉지의 유해성을 알리는 활동을 지속해서 진행했다. 나는 매일 매장 입구나 엘리베이터에서 유료화에 대한 필요성을 전달했고, 점점 더 많은 시민이 쇼핑 봉투 유료화에 긍정적으로 반응하기 시작했다. 결국, 이러한 흐름은 전국으로 확산했고, 이마트, 홈플러스 등 대형 유통업체들까지 쇼핑 봉투 유료화에 동참했다.

이 과정에서 기업이 얻는 경제적 이익을 시민들에게 환원해야 한다는 원칙도 세웠다. 쇼핑 봉투 유료화로 절감된 비용은 단순한 이윤이 아니라, 고객들이 환경 보호에 동참하면서 적립된 금액이었다. 우리는 이를 의미 있게 사용하고자 했다.

그 결과, 1997년에는 무등산 내셔널트러스트운동에 1,000만 원을 기부했고, IMF 외환위기로 인해 운영이 어려워진 광주 사직공원의 무료 급식소 '사랑의 식당'에도 매달 600만 원씩 3년 이상 지원했다. 그뿐만 아니라, 공사 중단 위기에 처한 어르신 무료 목욕탕 건축비로 3,000만 원을 기부하면서 지역사회에 실질적인 도움을 주었다.

이 모든 과정은 단순히 환경 보호 캠페인에 그치지 않았다. 쇼핑 봉투 유료화는 기업과 시민이 함께 만들어가는 환경운동이 되었고, 시민들의 의식 변화를 끌어낸 계기가 되었다.

그리고 이 변화는 하나의 '문화'로 자리 잡았다. 유료화로 인해 회수된 비닐봉지가 더 이상 사용할 수 없을 정도로 많아졌을 때, 우리는 그것을 크리스마스트리로 재탄생시켰다. 본점 앞에 설치된 세계 최초의 친환경 크리스마스트리는 환경 보호의 상징이 되었고, 이후 광주역에도 같은 방식의 트리가 세워졌다.

환경친화적 경영은 나뿐만 아니라, 우리 가족에게도 중요한 가치였다. 나는 2003년부터 2006년까지 '푸른광주21협의회' 공동의장을 맡았고, 아버지는 2005년부터 '푸른전남21협의회' 공동의장을 역임했다. 전국의 환경단체 협의회 중 부자가 동시에 각 지역의 의장을 맡은 것은 우리 가족이 유일했다. 이 때문에 '부자가 환경 지킴이'라는 제목의 기사가 언론에 실리기도 했다.

빅마트는 이 같은 공로를 인정받아 1997년 환경부장관 표창을 받았고, 1998년부터는 매년 어린이 환경 미술제를 개최하여 환경 보호의 중요성을 미래 세대에게도 알리고 있다. 미술제에서 수상한 어린이들의 작품을 연말 달력으로 제작해 고객들에게 무료로 나누어 주는 전통을

세계 유일 '폐쇼핑 봉투 크리스마스 트리'

빅마트는 1998년 1월, 쇼핑 봉투 유료화를 전국 최초로 시행했다. 빅마트는 먼저 50원에 봉투를 판매한 뒤, 사용 후 다시 가져오면 환급해 주었다. 빅마트는 고객이 되가져온 쇼핑 봉투로 환경 트리를 만들었다.

만들어냈다.

이 모든 것이 처음부터 계획된 일은 아니었다. 그저 옳다고 믿는 길을 선택했을 뿐이었다. 하지만 시민들은 그 변화를 받아들이고 함께 행동했다. 환경을 위한 작은 선택이 결국 기업과 시민이 함께 만들어가는 운동이 되었고, 광주를 넘어 전국으로 확산하는 계기가 되었다.
돌이켜보면, 나는 항상 믿어왔다. 기업이 사회적 책임을 다할 때, 그리고 시민들이 그 뜻에 공감할 때, 진정한 변화가 시작된다는 것을. 그리고 빅마트의 쇼핑 봉투 유료화는 그 변화의 한 장면이 되었다.

〔광주 빅마트〕
비닐 쇼핑 봉투 다시 쓰니… 가계 보탬 `환경 사랑`

주부 송행증(30·광주시 북구 양산동) 씨는 26일 동네 할인매장 빅마트(대표 하상용)로 쇼핑을 가면서 그동안 모아두었던 비닐 쇼핑 봉투 3장을 들고 갔다. 3번 이상씩 사용하느라 손잡이 부분이 해어져 다시 쓰기가 어려운 봉투들이었다.

"빅마트에서는 쇼핑 봉투를 50원씩 주고 사야 합니다. 대신 여러 번 써서 낡은 봉투를 들고 가면 보증금 50원을 돌려줍니다. 귀찮기는 해도 그렇게 해서 절약되는 비용만큼 생필품을 싸게 파니까 주민 모두에게 이득 아닙니까?"

광주 남구 주월동이 본점인 빅마트는 97년 1월 북구 매곡동에 북부점을 개설하면서 쇼핑 봉투를 '유료화'했다. 하루 고객 1만여 명으로, 예비용까지 최소 1만2,000장씩 소모되는 봉투(장당 50원) 구매가만 해도 하루 60만 원.

1년이면 2억 원이 넘는 액수로, 빅마트에서는 이를 줄여보기로 하고 '재사용 보증금제'를 도입한 것이다. 광주전남환경운동연합으로부터 자문받고 명분도 얻었다.

그러나 처음 두 달은 손님이 절반으로 떨어졌다. 김철수(37) 기획실장은 "딴 데서는 공짜로 주는 쇼핑 백을 판다고 하니까 고객들의 불만이 적지 않았다"고 말했다. 빅마트는 그러나 이를 무릅쓰고 봉투 보증금제를 강행, 한 달 동안 봉투 10만 장을 판 500만 원과 봉투구매비 절약액 등을 묶어 이를 고객들에게 환원했다. 그 돈으로 '생필품 할인'을 실시, 단가 260원짜리 라면 8,000 박스를 낱개 당 210원에 팔고, 10권 한 묶음에 3,000원인 노트 4만 권을 절반 가격에 판 것이다.

그러자 냉랭했던 고객들의 시각이 확 바뀌었고 호응은 눈덩이 불어나듯 커졌다. 결국 지난 한 해 빅마트는 비닐봉지 예산에서 9,000만 원을 절감할 수 있었다.

올해 들어서는 비닐봉지 사용량이 하루 평균 360여 장에 불과한 상태다. 봉투 보증금제를 시행하기 전 1만2,000장의 3% 수준으로 줄어드는 놀랄 만한 결과를 낳고 있다. 박명순(41) 북부점장은 "고객들이 장바구니를 들고 다니기 시작했다"고 말했다. 빅마트는 여러 번 사용해 훼손된 봉투는 제조업체에 재활용용으로 되돌려 보내고 있다.

빅마트의 성공이 광주지역의 업체들을 자극, 화니마트 등 다른 할인매장 8개 업체도 지난해 말부터 이 운동에 동참하고 있다. 빅마트 하상용 사장은 "예산 절감액으로 무의탁 노인들에 매일 점심 식사도 제공하고 있다"며 "다른 할인매장들과 합의만 되면 이를 실업 기금으로 활용하는 방안까지 생각하고 있다"고 말했다.

-1998년 7월 26일 조선일보 기사

함께 일하는 세상, 차별 없는 직장

나는 항상 생각해왔다. 기업이 단순히 이윤을 창출하는 곳이 아니라, 더 많은 사람에게 기회를 주고 함께 살아가는 공간이 되어야 한다고. 하지만 현실은 녹록지 않았다. 특히 장애인 고용에 대한 사회적 편견은 여전히 깊었고, 경기 침체가 지속되면서 많은 기업이 장애인 채용을 더욱 꺼리고 있었다.

그러던 중, 나는 빅마트에서 먼저 장애인 채용을 적극적으로 추진해보자는 생각을 하게 되었다. 솔직히 말하면 처음엔 고민이 컸다. 유통업이라는 특성상 고객과의 직접적인 소통이 중요한데, 장애가 있는 직원들이 적응할 수 있을까? 기존 직원들과의 협업이 원활할까? 매장에서 고객들과 마주치지 않는 일, 즉 경리업무나 전화응대 업무를 해보면 어떨까? 고민 끝에 내린 결론은 단 하나였다. 기회조차 주지 않고 판단할 수는 없다.

2007년 빅마트를 롯데그룹에 매각했을 때까지 우리는 지적 장애인 50여 명을 매장마다 2~3명씩 계약직으로 채용했다. 모든 직원이 갑작스럽게 새로운 동료를 맞이한 것은 아니었다. 이들이 업무를 수행하는 데 불편함이 없도록 3주간의 현장실습을 진행했고, 동료 직원들도 함께 협력할 수 있도록 사전 교육을 했다.

처음에는 낯설어하던 직원들도 시간이 지나면서 점점 변해갔다. 이들은 매장에서 쇼핑 카트와 바구니를 정리하며 고객들이 편리하게 쇼핑할 수 있도록 도왔다. 일부 매장에서는 물건을 판매하는 역할까지 맡았다. 그 누구보다 성실했고, 맡은 일에 대한 책임감이 강했다.
그렇게 시간이 흐르면서 나는 확신했다. 능력은 장애로 판단할 수 있는 것이 아니며, 중요한 것은 일을 대하는 태도라는 것을. 매장에서 활기차게 움직이며 스스로 일감을 찾아 나서는 직원들을 보면서, 처음의 고민은 기우에 불과했음을 깨달았다.
특히 한 직원이 내게 했던 말이 가슴 깊이 남았다.
"장애인을 맹목적으로 배려하는 것이 아니라, 동등한 사회인으로 인정해 주셔서 감사합니다."
나는 이 말을 들으며 우리가 해온 일이 단순한 고용 그 이상의 가치를 실현하는 일이라고 실감했다. 그저 일자리를 제공하는 것이 아니라, 이들이 사회의 당당한 일원으로 설 수 있도록 돕는 것이었다.

빅마트의 장애인 직원들은 단순한 근로자가 아니라, 우리 회사의 중요한 구성원이었다. 그들은 고객들과 자연스럽게 소통했고, 다른 직원들과도 동등한 위치에서 함께 일했다. 그리고 그 모습은 사회 전반에 걸쳐 작은 변화를 만들어냈다. 장애인 채용이 어렵다고만 여겨지던 유통업에서, 빅마트는 장애인 의무 고용 비율을 초과 달성하며 국무총리상을 수상하는 쾌거를 이루었다.

하지만 상보다 더 중요한 것은, 우리가 만든 변화가 누군가에게 희망이 되었다는 점이었다. 이곳에서 일하는 장애인 직원들은 단순히 생계를 위한 일자리를 얻은 것이 아니라, 자기 삶을 스스로 개척할 수 있는 기회를 얻었다. 그리고 나는 확신했다, 기업이 해야 할 진정한 역할은 바로 이런 기회를 제공하는 것이 아닐까 하고.

장애와 비장애를 떠나 빅마트의 매장 곳곳에서 우리 직원들은 고객을 맞이하고, 매장을 정리하며, 밝은 미소로 하루를 시작했다. 그리고 나는 그 모습을 보며 또 한 번 다짐했다. 함께 일하는 세상을 만들기 위해, 우리는 앞으로도 계속 노력할 것이다.

"우리를 누가 장애인으로 보겠어요"

사회적 편견에다 요즘엔 불황까지 겹쳐 많은 기업체에서 장애인 취업을 꺼리는 가운데 적극적으로 이들을 채용해 삶의 둥지를 만들어주는 곳이 있다. 광주지역 향토 유통업체인 ㈜빅마트(대표이사 하상용)는 북구 운암점 등 11개 전 매장에서 2~3명씩 모두 23명의 지적 장애인이 계약직으로 근무하고 있다.장애인고용촉진공단의 추천을 받은 이들은 3주간의 현장실습을 거쳐 채용돼 쇼핑용 수레와 바구니 등을 고객들이 편안하게 사용할 수 있도록 정리하는 일을 맡고 있다.

이들은 오후 1시부터 6시간 동안 스스로 일감을 찾아 매장 곳곳을 누비고 있다. 일부 매장에서는 고객들에게 물건을 판매하는 일까지 업무 영역을 넓히고 있다.빅마트 운암점 김승환(38) 대표는 "고객과 직접 접촉해야 하는 유통업체 특성상 어느 직종보다도 장애인 채용이 쉽지 않았지만 현장 교육 등을 통해 업무 수행에 아무런 지장이 없었고 성실성은 여느 직원보다 뛰어나다"고 말했다.김 대표는 또 "이분들이 직장 생활에 잘 적응하는지, 일을 하면서 몸이 불편하지는 않은지 항시 관심을 두고 지켜보고 있다"고 덧붙였다.

이들 장애인은 고객들과 접촉하며 일할 때가 가장 기쁘다고 한다. 김성우 (28.지적장애 3급.광주 북구 우산동) 씨는 "장애인을 맹목적으로 배려하지 않고 동등한 사회인으로 인정해준 주위 분들에게 감사드린다"며 "다른 장애인들에게 모범이 될 수 있도록 직장 생활에 최선을 다하겠다"고 말했다. 빅마트는 장애인 의무 고용 비율인 상시근무자의 2% 수준을 초과, 지난달 장애인 고용 관련 국무총리상을 수상하기도 했다.

-연합뉴스 2004.10.13 남현호 기자

사랑의 절임 배추 1만 포기, 나눔의 김장

해마다 겨울이 다가오면 나는 언제나 배추밭을 떠올린다. 싱그럽게 자란 배추들이 차가운 겨울바람을 맞으며 단단해질 즈음, 우리는 또 한 번 김장을 준비한다. 빅마트를 운영하며 많은 기부 활동을 해왔지만, 해마다 절임 배추 1만 포기를 기부하는 이 일이 나에게는 가장 뜻깊은 일 중 하나로 남아 있다.

2002년 겨울, 처음 이 일을 시작한 건, 겨울철을 맞이하는 독거노인과 저소득 가정의 어려움을 접하면서였다. 김장은 한국인의 겨울 준비에서 빼놓을 수 없는 전통이지만, 그것이 모두에게 당연한 것은 아니었다. 경제적으로 어려운 이들에게는 김장할 여력이 없었고, 그러다 보니 겨우내 밥상에 김치 한 조각 올리기조차 쉽지 않았다.

'우리가 조금이라도 도움을 줄 수 있지 않을까?'
그렇게 해서 시작된 것이 절임 배추 기부였다. 단순히 돈을 기부하는 것이 아니라, 실질적으로 도움이 될 수 있는 무언가를 전하고 싶었다. 김장을 할 수 있는 기회를 제공한다면, 단순한 기부를 넘어 직접적인 변화를 만들어낼 수 있을 것으로 생각했다.

이 과정에서 나는 또 하나의 중요한 사실을 깨달았다. 김장하기 위해서는 배추가 필요하고, 그 배추를 키우는 농가도 있다. 우리가 기부하는 절임 배추가 지역 농가에서 재배된 것이라면, 기부는 단순한 나눔이 아니라 지역 경제를 돕는 상생의 길이라고 생각했다.

김장용 배추를 대량으로 구매하면서 농가의 안정적인 수익도 보장할 수 있었고, 기부를 받는 사람들은 좋은 품질의 배추로 직접 김장을 할 수 있었다.

처음에는 1만 포기가 많아 보였지만, 막상 기부를 시작하고 보니 필요로 하는 사람이 훨씬 더 많았다. 우리를 통해 절임 배추를 기부받은 지역의 복지기관이나 비인가 시설 등에서 직접 김장하고, 그것을 또 다른 이웃과 나누면서 선한 영향력이 퍼져 나갔다. 이 소식을 들은 지역 단체와 주민들도 하나둘 김장 나눔 행사에 참여하기 시작했다. 빅마트의 기부가 하나의 물결이 되어 더 큰 나눔으로 확산하는 모습을 보며, 나의 작은 결정이 누군가의 겨울을 따뜻하게 만들 수 있음을 다시금 깨달았다.

또한 빅마트 전 매장에서는 사회복지법인 등이 증빙서류를 지참하면 매장가격보다 20% 저렴한 가격에 판매했다. 1만 포기 배추를 절이는 일이 빅마트 직원들만으로는 힘겹기도 하지만 기부문화를 확산시키기 위해서 인근의 군부대나 경찰청 등의 지원을 받아 함께 진행하였다.

매년 겨울이 오면 절임 배추 기부는 당연한 일이 되었다. 빅마트의 직원들과 함께 참여하며, 배추 한 포기 한 포기에 담긴 정성과 의미를 되새긴다. 기업이 단순히 물건을 파는 곳이 아니라, 지역과 함께 살아가는 존재라는 것을 다시금 마음에 새긴다.

나에게 절임 배추 1만 포기 기부는 단순한 나눔이 아니다. 그것은 겨울을 준비하는 마음이자, 공동체를 이어주는 다리이며, 기업의 진정한 역할을 보여주는 증거다. 오늘도 나는 감사한 마음으로 배추밭을 떠올린다.

광주 빅마트 5년째 '사랑의 절임 배추'
직원·경찰 등 참가, 사흘간 1만 포기 어려운 이웃에

"소금 조금만 더 뿌려줘요."

30일 아침 광주시 동구 옛 전남도청 안 광장엔 사랑의 웃음꽃이 활짝 피었다. 유통업체 ㈜빅마트(대표 하상용) 직원들과 가족, 전남경찰청 소속 경찰 등 150여 명이 즐거운 표정으로 배추를 소금에 절이기 시작했다. 빅마트는 2일까지 사흘 동안 배추 1만 포기를 절여 어려운 이웃들에게 보낸다.

지역의 대표적 유통기업인 빅마트는 5년째 '사랑의 절임 배추'를 보내고 있다. 빅마트는 올해도 3,000만 원을 들여 배추 1만 포기를 절여 '돈 보스코 나눔의 집' 등 사회복지단체와 개인 등 70곳에 보낸다. 홀로 사는 노인이나 소년·소녀 가장, 비인가 복지시설, 사회복지단체의 겨울나기에 도움을 주기 위해서다. 전남 장성군의 영락양로원 임의숙 원장은 "빅마트에서 해마다 60여 명의 외로운 노인들을 위해 절임 배추 200여 포기를 보내줘 김장하는 데 큰 도움이 되고 있다"고 말했다.

빅마트의 사랑의 절임 배추 행사는 2002년부터 5년째 이어지고 있다. 빅마트는 그동안 1억5,000만 원을 들여 절임 배추 6만 포기와 김장배추 5천여 포기를 담아 사회복지시설 200여 곳에 전달했다. 또 빅마트는 올해도 사회복지법인 증빙서류만 제시하면 17개 매장에서 절임 배추를 한 포기당 판매가보다 20% 싼 500원씩에 판매한다. 빅마트 하상용 대표는 "작은 정성을 모아 낮은 자리에 있는 어려운 이웃들과 따뜻한 사랑을 나누자는 취지의 행사다"고 말했다.

- 한겨레신문 2006년 11월 30일 기사

쌀이 꽃보다 아름다워

나는 빅마트를 운영하며 많은 매장을 개점했다. 새로운 매장을 열 때마다 지인들과 협력사에서 보내온 수많은 축하 화환이 매장 입구를 가득 채우곤 한다. 아름다운 꽃들이 한자리에 모여 화려한 광경을 연출하기도 하고 오가는 사람들에게 신규 매장 개점을 알리는 좋은 수단이기도 하다. 하지만 며칠 후 시들어버린 꽃들을 정리할 때마다 늘 아쉬움이 남았다. '이 축하의 마음을 더 의미 있는 방식으로 표현할 순 없을까?'라는 생각이 들기 시작했다.

그러던 어느 날, 나는 개업식 때 화환 대신 쌀을 기증받아 이를 도움이 필요한 곳에 전달하는 방안을 떠올렸다. 처음 이 아이디어를 주위에 이야기했을 때, 많은 이들이 의아해했다.
"화환은 개업식의 상징인데, 그걸 없애도 괜찮을까요?"라는 걱정 섞인 반응도 있었다. 하지만 나의 결심은 확고했다. 축하의 의미를 담은 쌀이 지역사회에 실질적인 도움이 된다면, 이것이야말로 진정한 축하가 아닐까?

빅마트는 납품 협력업체가 1,000여 곳에 달했기 때문에 매장 개점식마다 상당히 많은 화환이 들어왔다. 하지만 2~3일만 지나면 쓰레기로 전락하는 현실이어서, 이를 개선하기 위해 생각해낸 아이디어가 쌀로 받는 기부였다.

요즘은 결혼식이나 개업식 등에서 쌀을 받는 것을 자주 볼 수 있지만 당시로선 보기 쉽지 않은 풍경이었다. 개점 축하 선물을 쌀이나 현금으로 바꾸니 매장 개점 때마다 거의 1,000만 원 정도의 쌀이나 기부금이 들어왔고, 이는 빅마트만의 새로운 사회공헌 활동의 바탕이 됐다.

개업 축하 화환 대신 쌀을 기증받기 시작한 건 2003년 8월 11호점인 빅마트 두암점 오픈 때부터다. 그 이후 빅마트에서 새롭게 오픈하는 매장에서는 항상 화환 대신 쌀을 개업 축하 선물로 받아오는 전통을 세웠다. 매장 개점 시 축하 화환을 받지 않고 대신 쌀이나 현금으로 기부금을 받아 사회공헌 활동을 하는 것이다. 기부받은 쌀은 매장 주변 어려운 이웃에게 나눠주고, 현금은 무등산공유화기금과 폐선터푸른길 조성 활동 단체에 전달했다.

개점을 축하하는 하객들은 무등산공유화기금 기부증서를 직접 부착했고, 현장에서 무등산공유화재단 측은 단체나 개인에게 직접 기부금 영수증을 발급해주기도 했다.

두암점 오픈 당시 '쌀이 꽃보다 아름답습니다'라는 주제로 축하 화환 대신 4만 원 상당의 '축하 쌀' 200여 포를 기부받아 매장 인근 소년소녀가장과 독거노인 등에게 전달됐다. 이어 2004년 9월 12호점 북구 양산점에서는 무등산 공유화 기금 1,950만 원이 기부됐다. 이어 남구 진월동 빅시티 오픈 때도 '광주에 푸른 길을 가꿉시다'라는 주제로 1,200만 원을 기부받아 푸른길운동본부에 전달했다.

매장 개점을 알리는 초대장에 '화환은 일절 받지 않는다'고 안내하고, 대신 쌀이나 현금으로 기부해 달라고 요청하니, 협력업체 등은 기꺼이 동참했다. 오픈 축하 의미도 전달하고, 지역사회에 도움 되는 활동을 한다는 '일거양득'을 체감했기에 가능한 일이었다.
이렇게 기부받은 쌀들은 지역의 동사무소나 봉사단체들을 통해 어려운 이웃들에게 전달되었다. 때로는 지역 화환업체들의 항의를 받는 촌극이 발생하기도 하였다. 빅마트는 이렇게 조그만 일이라도 남보다 앞서 새로운 문화를 만들어 갔다.

이러한 작은 변화는 기업의 사회적 책임을 실천하는 계기가 되었다. 단순히 상품을 판매하는 기업이 아니라, 지역사회와 함께 성장하는 기업으로 나가야 한다는 철학이 더욱 확고해졌다. 동시에, 나눔의 가치가 널리 퍼지면서 다른 기업과 개인들도 개업식, 결혼식, 돌잔치 등 다양한 행사에서 쌀 기부를 선택하기 시작했다.
나는 광주창조경제혁신센터 취임 때도, 화환이 아닌 쌀을 받았다. 그리고 그 쌀이 필요한 곳으로 전달될 때, 나의 선택이 옳았음을 다시금 실감한다. 단순한 개업식 문화의 변화가 아니라, 지속가능한 나눔의 시작이 되었기에 나는 이 결정을 가장 뜻깊은 선택 중 하나로 기억한다.

'쌀이 꽃보다 아름다워'

'쌀이 꽃보다 아름답습니다.' 광주지역 유통업체인 '빅마트'가 오는 6일 '해피두암점' 오픈을 앞두고 4일 이 같은 문구가 적힌 이색적인 초대장을 보냈다.

빅마트 11호 매장인 '해피두암점' 오픈 행사 때 축하 화환 대신 '축하 쌀'을 기증받아 점포 인근의 소년소녀가장과 혼자 사는 노인 등 도움이 필요한 이웃들에게 전달하기 위한 것이다.

빅마트는 초대장에 '쌀 기부증권'을 동봉해 발송했으며 초대장을 받은 협력업체나 축하객들이 취지에 공감, 쌀 기부증권에 서명해 보내오는 등 좋은 반응을 얻고 있다. 빅마트 측은 그동안 매장 오픈 때 입구에 늘어섰던 화환을 감안할 때 적어도 20kg들이 쌀 120여 포대 이상을 모아 전달할 수 있을 것으로 기대하고 있다.

빅마트 해피두암점 조경옥(33) 점장은 "행사 때마다 10만 원 안팎의 화환을 보내오지만 처리하기가 어렵다"며 "화환 대신 한 포대에 4만 원대인 쌀을 받아 이웃들에게 전달하면 일거양득의 효과를 거두는 셈"이라고 말했다.

한편 이번에 새로 문을 여는 해피두암점은 '편안한 쇼핑 Easy Shopping'을 모토로, 빅마트의 핵심 강점인 생식품과 공산품 이외에도 어린이를 행복하게 하는 '해피 키즈' 공간과 현장 즉석 조리 판매, 화장품 할인매장 등을 강화해 주부 생활편의점을 만들어갈 예정이다. 전화(080-88-12345)나 인터넷 www.bigmart.co.kr 주문이 들어오면 두암3동, 풍향동, 산수동 일부 지역은 무료 배달을 시행하고 다음 달 1일부터는 광주 시내 전 지역으로 서비스를 확대할 예정이다.

- 무등일보 2003년 8월 5일 기사

대형 쇼핑몰에 맞서는 지역 상인의 생존 전략

최근 대형 쇼핑몰이 빠르게 확장하면서 전국의 지역 상권들이 심각한 타격을 받고 있다.
고객 감소와 임대료 상승, 대기업과의 가격 경쟁 속에서 많은 지역 상인들이 어려움을 겪고 있다. 그러나 일부 상인들은 단순한 가격 경쟁이 아닌 차별화된 고객 경험을 제공하는 전략을 통해 성공적으로 생존하고 있다. 한국의 전통시장과 지역 명소, 일본 류보リウボウ 백화점, 중국의 하이디라오海底捞 훠궈 체인 사례는 지역 상인들에게 중요한 시사점을 제공한다.

대형 쇼핑몰에서는 전국적으로 유명한 브랜드 제품이 주를 이루지만, 지역 상인은 희소성과 독창성을 강조한 상품과 서비스로 경쟁력을 확보할 수 있다.
서울 망원시장은 젊은 고객층을 대상으로 퓨전 먹거리와 이색 상품을 도입해 전통시장 이미지를 탈피했다. '망원시장표 한식 타코', 수제 맥주와 함께 즐길 수 있는 전통 떡볶이 등이 대표적인 사례다. 또한 친환경 장바구니와 전통 문양을 활용한 상품을 개발하며 단순한 장보기 공간이 아닌 유행을 좇는 명소로 자리 잡았다.

일본 오키나와의 류보 백화점은 글로벌 브랜드 대신 현지 장인과 협업한 상품을 적극적으로 도입했다. 오키나와 전통 공예품과 특산품을 입점시켜 단순한 쇼핑 공간이 아닌 오키나와 문화를 체험할 수 있는 장소로 변모시켰다.
중국의 하이디라오 역시 차별화된 서비스를 통해 고객 경험을 극대화했다. 대기 고객에게 무료 손톱 관리, 신발 닦기, 간식 제공 등의 맞춤형 서비스를 제공하는 한편, 면 뽑기 공연과 같은 엔터테인먼트 요소를 도입해 단순한 식사가 아닌 특별한 경험을 제공하는 브랜드로 자리 잡았다.

대형 쇼핑몰은 다양한 상품 구색과 할인 행사로 방문객의 체류 시간을 늘리는 전략을 취하지만, 지역 상인은 고객과의 유대감을 형성하는 것이 강점이 될 수 있다.
전주 한옥마을은 단순한 관광지가 아니라 체험형 서비스를 제공하며 지역 상권을 활성화했다. 전통 한복을 대여하고 1:1 스타일링 상담을 제공하는 한편, 도자기 만들기, 한지 공예 체험, 한옥 숙박 체험을 운영하며 관광객의 체류 시간을 늘렸다.

류보 백화점은 맞춤형 컨설팅 서비스를 도입했다. 전문 스타일리스트가 고객의 취향을 분석하여 패션과 실내장식을 추천하며, 일정 금액 이상 구매한 고객에게는 오키나와 전통 음식을 제공하는 VIP 라운지를 운영하는 등 차별화를 꾀했다.

스토리텔링 마케팅은 지역 상인들에게 무엇보다 중요하다. 스토리텔링을 통해 브랜드에 감성을 더하면 고객과의 연결을 강화할 수 있다.

서울 종로구 인사동의 '차를 마시는 뜰'은 차 문화와 역사를 소개하는 공간으로 자리 잡았다. 차 한 잔을 주문하면 차의 유래와 효능을 설명하는 작은 카드를 제공하며 고객 경험을 풍부하게 만들고, SNS를 통해 감성적인 메시지를 전달하며 방문객 증가로 이어졌다.

담양 명가은과 광주의 꽃 피는 춘삼월도 지역 전통 차 문화를 강조하며 인지도 정체성을 강화했다. 전통 한옥 실내장식과 지역 특산물을 활용해 단순한 찻집이 아니라 문화와 경험을 제공하는 공간으로 자리 잡았다.

류보 백화점은 오키나와 전통 직물 '빙가타紅型' 제작 과정을 소개하는 전시 공간을 마련하고, 전통 무용 공연과 공예 체험 이벤트를 개최해 쇼핑을 넘어 문화 체험이 가능한 백화점으로 발전했다.

하이디라오 역시 브랜드 스토리텔링을 활용해 고객 충성도를 높였다. 직원들의 서비스 열정을 강조하며 면 요리를 주문하면 테이블 앞에서 직접 퍼포먼스를 펼치는 등 브랜드 경험을 극대화했다. 또한, 고객이 생일을 맞이하면 직원들이 직접 축하 노래를 불러주는 등 감성적인 요소를 가미했다.

대형 쇼핑몰과 경쟁하는 지역 상권이 성공하려면 단순한 판매를 넘어 고객이 브랜드와 감성적으로 연결될 수 있도록 하는 경험을 제공해야 한다. 망원시장, 인사동 찻집, 전주 한옥마을, 류보 백화점, 하이디라오 사례는 차별화된 서비스와 스토리텔링이 고객 유치에 결정적인 역할을 한다는 점을 보여준다.

대형 쇼핑몰이 제공할 수 없는 독창적인 상품과 개인 맞춤형 경험, 감성적인 스토리를 통해 지역 상인은 충분히 경쟁력을 갖출 수 있다. 결국, 성공적인 지역 상권 전략의 핵심은 단순한 판매가 아니라 차별화된 경험을 제공하는 것이다.

4부

지역 창업으로 살다

지역 특산품과의 만남
제주 우뭇가사리 화장품 '우무숍'

"나 제주도에 가서 살고 싶은데 같이 갈까?"
신농선 대표가 어느 날 폭탄선언을 했다. 국어 강사였던 박지훈 대표는 2013년 아내인 신동선 대표의 손에 이끌려 제주도로 살러 온 이방인이었다. 무작정 처음 제주에 왔을 때 신동선 대표가 한림에 있는 한수풀해녀학교를 다니면서 해녀 문화에 매료되었다. 자연스럽게 우뭇가사리를 이용한 사업화에 관심을 두게 되었고, 사라져가는 해녀의 삶과 가치를 지켜내기 위해 창업을 결심했다.

우뭇가사리는 5~6월에 생육하고 10월까지 채취할 수 있다. 우뭇가사리는 해녀가 직접 잠수해 낫으로 잘라내거나, 배 위에서 그물을 내려 얻을 수 있다. 해녀 수입원 중 절반 이상을 차지하는 게 우뭇가사리이다. 제주 우뭇가사리는 품질이 뛰어나지만, 국내에서는 크게 활용이 되지 않아 대부분 일본과 미국으로 싼값에 수출되고 있는 현실이었다. 우뭇가사리를 활용한 제품을 만들어 판매가 활성화하면 다양한 수익원이 생길 수 있어서 해녀들의 가치를 알리는 데에도 큰 도움이 될 것이었다.

두 사람은 우뭇가사리에 주목하여, 이를 활용한 건강한 디저트 브랜드 '우무'를 먼저 발매했다. 우무는 최근 MZ세대 1980년대 초~2000년대 초 출생자 사이에서 인기 제품으로 떠 올랐다. 2018년 시작한 우무주식회사는 제주 한림읍에 본점을 차리고 푸딩을 선보이자마자 제주 관광객들의 필수코스로 입소문이 나서 매일 개점 때부터 오픈 런이 발생할 정도로 제주도의 유명 상품으로 자리 잡았다.
우뭇가사리는 이제까지 양갱, 젤리, 잼을 만드는 데 쓰였지만, 보습, 상처 치유, 항산화 효과도 입증되었다. 이는 우뭇가사리를 원료로 화장품을 만들어도 좋은 반응이 올 것이었다. 우뭇가사리의 보습 효과에 초점을 맞춰 화장품을 개발하면 더욱 좋을 것이라는 생각에 화장품 회사로 진출할 계획을 모색했다. 박지훈 대표와 신동선 대표는 신중한 결정 끝에 푸딩을 주제품으로 하는 우무주식회사와 별도 법인으로 우무숍주식회사를 설립하기로 하였다. 우뭇가사리를 활용한 미용 제품을 주 아이템으로 하는 우무숍주식회사가 탄생하게 된 것이다.

우무숍이 화장품을 대하는 태도는 화장품이라는 제품의 특성에서 시작한다. '화장품은 내 몸에 직접 바르는 물질'이다. 나에게 맞지 않는 물질을 바르면 트러블이 생긴다. 즉, "친환경 화장품은 합성 화합물 대신 자연에서 얻은 성분을 사용해 피부에 부담을 줄일 수 있다"는 태도가 우무숍 화장품을 만들고 있다.
주력제품인 '푸딩비누'는 웬만한 기초화장품보다 더 '좋은 제품'을 만들기로 작정하고 과감하게 좋은 원료들을 투입하여 만든 결과 당연히 제품 가격은 비싸지만, 피부에 민감한 40대 여성들을 주 고객으로 끌어안는 결과를 만들었다.

제주 바다를 보호하는 이야기도 실제 제품 생산으로 연결되었다. 바다 생물에게 영향을 주는 자외선 차단 성분을 배제한 '리프 세이프Reef Safe' 제품을 출시한 것이다. 자외선 차단제는 사람뿐만 아니라 환경에도 해가 될 수 있다. 선크림의 원료인 옥시벤존과 옥티노세이트는 바다 사막화를 만드는 원흉이다. 우무숍은 옥시벤존과 옥티노세이트가 들어가지 않는 선 에센스를 출시했다. 이는 최대한 자연에서 얻은 성분들을 활용해 제품을 만들기 위한 취지였고, 어린아이와 유아도 사용할 수 있을 만큼 안전하고 순한 제품이기도 하다는 게 우무숍의 설명이다.

우무숍은 제주 환경운동가들과 함께 캠페인을 진행하고 있다. 프리다이버가 바다로 들어가 쓰레기를 줍는 '플로빙' 영상을 매주 제작해 SNS에 올려 많은 사람의 공감을 끌어내기도 했다. 이와 함께 제주도에서도 리프 세이프 자외선 차단 제품을 더 많이 사용할 수 있도록 조례를 제정할 수 있게 목소리를 내고 있다.

제주 바다의 순수함을 담은 우무숍은 단순한 제품을 넘어, 제주의 감성과 이야기를 전하는 브랜드로 성장하고 있다. 우무숍은 고객 경험을 중심으로 쌓아 올린 브랜드다. 촉감, 향, 시각을 자극하는 체험형 매장 운영이 우무숍 성공 비하인드 스토리로 자리 잡고 있다. 브랜드 초창기에는 디저트 브랜드로 알려진 '우무'의 이미지가 강했기 때문에, 우뭇가사리 화장품을 받아들이게 만드는 것이 가장 큰 과제였다. 이를 극복하기 위해 직접 매장을 운영하며 제품 체험 중심의 고객 경험을 제공했다. 고객들은 제품을 직접 만지고, 냄새를 맡고, 바르는 경험을 통해 우무숍의 진정성을 느꼈고, 자연스럽게 브랜드의 팬이 되어 자발적인 홍보자가 되었다. 이러한 전략은 단기적인 판매보다 장기적인 신뢰 형성에 집중한 접근이었다.

매장을 개점할 때도 재정적으로 부족해서 박지훈 대표는 직접 인테리어를 진행하며 아내를 도왔고 무수한 시행착오를 겪으며 현재 한림읍에 있는 본점을 오픈하였다. 2019년에는 제주 시내에 2호점을 내고 제주공항과 반짝 매장을 진행하는 등 활발한 사업을 추진해오고 있었다.

우무숍의 성장 비결은 고객 피드백을 적극적으로 반영했다는 점이다. 우무숍은 특히 향과 이야기로 차별화된 화장품을 지향한다. 고객들은 우무숍의 '향'에 큰 관심을 보였고, 이를 바탕으로 룸 스프레이 제품을 개발했다. 이제 향은 우무숍의 정체성을 구성하는 핵심 요소가 되었고, 단순한 화장품이 아니라 감성 라이프 스타일 브랜드로서 입지를 넓히고 있다. 또한, 현직 해녀들과 협업한 광고 콘텐츠, 우뭇가사리의 가치를 알리는 이야기 중심 마케팅은 브랜드만의 독창성과 차별성을 극대화하고 있다.

신뢰와 협력, 열린 조직 문화도 우무숍 성공 신화를 이끌었다. 우무숍은 '함께 만든다'는 철학으로 운영된다. 대표는 비전을 명확히 제시하고, 팀원들과 신뢰를 쌓으며 함께 성장하는 문화를 추구한다. 직원 채용 시 가장 중요하게 보는 것은 긍정적인 태도와 팀에 시너지를 줄 수 있는 자세이며, 구성원 모두가 자유롭게 의견을 낼 수 있는 열린 조직을 만들어가고 있다. 위기를 맞이했을 때도 "위기는 더 나은 결과를 위한

제주 우무솝

제주 지역의 우뭇가사리를 이용해 지역 주민 소득 증대에도 한몫 이바지하는 우무솝은 '함께 만든다'는 철학으로 운영된다. 대표는 비전을 명확히 제시하고, 팀원들과 신뢰를 쌓으며 함께 성장하는 문화를 추구한다. 우뭇가사리 화장품, 피부에 좋다.

과정"이라는 마인드로 접근해, 팀 전체가 성장의 기회로 전환할 수 있도록 유도했다. 실패는 반복하지 않으면 '자산'이 된다는 믿음이 우무솝을 더욱 단단하게 만들고 있다.

우무솝의 최종 목표는 '제주를 대표하는 브랜드'가 되는 것이다. '고객이 우무솝을 만나기 위해 제주를 찾는다'는 생각으로 상상을 펼치는 업체가 바로 지역 제주의 우무솝이다. 제주라는 공간을 넘어, 브랜드 자체가 여행의 목적지가 되길 바라는 마음으로, 지역과 함께 성장하는 길을 끊임없이 모색하고 있다.

'우무숍' 신동선 대표가 알려주는 창업 성공 팁

1. **고객 관점으로 생각하라.**
   "내가 만든 제품이 아무리 훌륭해도 고객이 받아들이지 못하면 의미가 없습니다. 고객의 니즈 와 관점에서 바라보는 것이 가장 중요합니다."

2. **창업은 마라톤이다.**
   "빠른 성공을 기대하기보다, 성실함과 꾸준함으로 페이스를 유지하며 나아가야 합니다. 지치지 않는 속도로, 포기하지 말고 가세요."

3. **진정성은 통한다.**
   "진심은 통합니다. 제품을 만드는 과정 하나하나에 브랜드의 철학을 담는다면, 고객은 그 가치를 반드시 알아봐 줍니다."

농산물을 팔 것인가, 브랜드를 팔 것인가?
제주의 제스프리 '귤메달'

제주는 귤이고, 귤은 곧 제주다. 제주와 귤은 떼려야 뗄 수 없는 관계에 있다. 제주 푸른 바다와 한라산은 그곳에 가봐야 하지만 귤은 배를 타고 비행기를 타고 세계 어디든 갈 수 있다. 과일이란 게 그렇다. 제주의 달콤한 귤을 기반으로 창업한 귤메달은 세계 키위 시장에서 점유율 1위를 차지하고 있는 뉴질랜드의 '제스프리' 같은 회사를 꿈꾼다. 위키백과 자료에 따르면, 뉴질랜드에 본사를 둔 제스프리는 세계 50개국 이상에서 판매되는 세계 최대 키위 과일 마케팅 업체다. 귤메달도 제스프리와 같은 반열에 오르기를 꿈꾸는 것이다.

귤메달은 제주산 감귤을 포함한 다양한 시트러스 품종을 기반으로, 무설탕 착즙 주스와 같은 건강 음료를 제조·판매하는 브랜드다. 제주 시트러스의 가치를 반영한 라이프 스타일 제품을 선보이며, 소비자들에게 차별화한 경험을 제공해온 제주에 있는 스타트업 회사다. 귤메달은 국내 과일 브랜드 최초로 세계 3대 디자인상인 독일 레드닷 어워드에서 본상을 받으며, 디자인 혁신성과 제품 경쟁력을 동시에 인정받았다.

뉴질랜드의 주요 수출품은 주로 양고기, 양털, 키위 등이고 그중에서도 '키위'는 전 세계 시장에서 30%를 차지할 만큼 막강한 핵심 품목이다. 키위 산업이 정착된 것은 지난 60년대. 불과 60여 년 만인 현재 뉴질랜드 원예 수출의 가장 큰 품목이 됐다.

제스프리는 1997년 뉴질랜드에서 2,700개 키위 재배 농가가 출자해 협동조합으로 설립되었다. 제스프리는 키위 재배 농가들로만 주주가 구성된 기업형 영농 협동조합이다.

제스프리 성공 비결은 통합 시스템에 있다. 제스프리는 신품종 개발→재배 기술 향상→수매→포장→마케팅→수출에 따르는 모든 과정을 제스프리가 담당해 세계 최대 프리미엄 키위 브랜드라는 입지를 다졌다. 농가는 생산에만 전념하도록 해 최고의 키위를 생산하고 있다.

실제로 제스프리의 키위는 세계 키위 시장에서 점유율 1위를 차지하고 있다. 글로벌 연 매출은 2021년 기준 한화로 약 3조 2,900억 원23년 4월 9일 환율 기준이다. 한국 키위 시장에서 제스프리 점유율은 80%이며, 2022년 기준 매출 약 2,220억 원을 달성했다.

고향이 제주인 귤메달 양제현 대표와 형인 양익현 이사는 서울에서 홈쇼핑 기획자와 영어학원 원장으로 지내다 아버지가 심근경색으로 갑자기 쓰러진 뒤 삶의 전환기를 맞게 됐다. 할아버지 때부터 자식처럼 가꿔 오던 농장을 내버려 둘 수 없어서 두 형제는 회사에 사표를 던지고 제주도로 무작정 내려왔다.

졸지에 서귀포 남원읍에서 2만 평 규모의 감귤밭을 운영하던 아버지의 가업을 물려받아 형제는 '귤메달'을 설립했다. 동생인 양제현 씨는 대표를

맡아 '마케팅'에 집중하고, 형인 양익현 씨가 이사를 맡아 감귤 재배를 책임지는 분업 형태였다

설립 1년간 간이 컨테이너에서 일하며 고생했지만, 고생은 고생대로 하고 손에 쥐는 성과는 많지 않았다. 가장 큰 문제는 귤을 잘 키워도 팔 곳이 마땅치 않다는 것. 할아버지 때부터 쌓은 기술력을 바탕으로 귤메달의 귤이 제주에서도 특품으로 꼽힌다고 자신했지만, 농장의 브랜딩이 돼 있지 않아 경영난을 겪었다.

설상가상으로 코로나 사태가 겹쳐 수매가 전혀 안 됐다. 애지중지 키운 귤을 결국 헐값에 팔아야 했고 판로의 중요성을 절감한 형제는 쿠팡으로 눈을 돌리게 됐다. 그러자 놀라운 성과가 따라왔다. 쿠팡에서 귤을 판 지 1년 만에 입점 초기 대비 30배 월 매출을 올리는 회사로 성장했다.

귤을 가공하지 않고 파는 데는 한계가 있었다. 귤메달은 계절 과일인 감귤 원물 판매의 한계를 극복하기 위해 제주산 프리미엄 시트러스를 활용한 무설탕 착즙 주스 등 차별화한 건강음료를 발매했다. 이는 제주 시트러스의 가치를 현대적으로 재해석한 라이프 스타일 제품으로, 소비자들에게 새로운 경험을 제공하기 위해서다.

귤메달에 대한 입소문이 위도선을 따라 올라와 더현대 서울에서 반짝 매장을 열게 되었다. 다른 회사와의 파트너십도 강화했다. '귤메달+오뚜기' 팝업을 통해서는 귤과 오뚜기 제품을 이용한 다양한 요리와 주스 제품을 선보이는 등 다양한 파트너들과의 협업을 이루어냈다.

제주창조경제혁신센터로부터 초기 투자 유치에 성공한 귤메달은 2024년에 미국 벤처캐피털 스트롱벤처스와 MYSC로부터 프리-시리즈A 투자를 유치했다. 이런 투자금을 바탕으로 드디어 2024년 11월에는

귤메달

제주창조경제혁신센터로부터 초기 투자 유치에 성공한 귤메달은 계절 과일인 감귤 원물 판매의 한계를 극복하기 위해 제주산 프리미엄 시트러스를 활용한 무설탕 착즙 주스 등 차별화한 건강음료를 발매했다. 맛있다.

귤메달이 농업인 전용 산지 플랫폼 '시트러스 클럽'을 시작하며 제2의 도약을 시작했다. 양제현 대표와 귤메달의 꿈인 '시트러스의 제스프리'를 향한 빠른 발걸음이 시작된 것이다.

누구나 판매하는 감귤을 특화하여 새로운 시장을 개척하여 제주 감귤 산업의 부가가치를 증대시키고 지역 농민들과 상생을 통해 생태계를 혁신하려고 노력하며 커피의 원두나 와인의 포도처럼 전 세계로 지역 상품을 알리고자 노력하는 귤메달의 글로벌 브랜드로의 성장을 시작한 것이다. 시작은 미약하였으니 끝은 창대할 것이라 믿는다.

추억과 경험도 상품이다
농업회사법인 주)새실

"90세가 되었을 때, 하지 않아서 후회할 일이 무엇일까?"
창업을 세 번째 시도하는 것이 쉬운 일은 아니었다. 앞선 두 번의 실패는 무게감으로 남았고, 또 한 번의 도전을 앞두고 (주)새실 정서진 대표는 자신에게 질문을 던졌다. 이 질문에 답하기 위해 그는 오랫동안 사색했다. 오랜 고민 끝에, 정서진 대표는 자신이 가장 좋아하고 잘할 수 있는 일이 정원을 만들고 공간을 디자인하는 일이라는 결론을 내렸다. 그렇게 해서 바로 전라남도 영암 월출산 자락의 작은 마을에서 태어난 정원 카페가 새실정원이다.

머릿속에만 있던 정원의 그림을, 현실로 옮기기까지 창업 초기, 상황은 녹록지 않았다. 코로나19로 인한 어려움, 주변의 부정적인 시선, 경제적 여건까지 어느 하나 쉬운 것이 없었다.
머릿속에서 그려온 사업 아이디어를 가족과 주변인들에게 설명하는데, 단 한 사람도 긍정적인 반응을 보이지 않았다. 정서진 대표는 흔들리지 않았습니다. "완벽하지 않아도, 포기하지 않고, 계속 보완하면서 앞으로 나아간다"는 자세로 작은 진전을 거듭했다. 직장 생활 중 모은 자금, 어렵게 설득한 부모님의 토지, 그리고 농촌 융복합산업 인증사업 융자금까지 끌어모아, 새실은 조금씩 형태를 갖추기 시작했다.

영암은 관광지로서는 주목받지 않는 지역이다. 그렇기에 새실은 한 사람 한 사람의 방문을 더욱 소중하게 생각했다. 처음부터 대규모 단체 고객을 유치한다는 생각보다 소규모 개인 고객에게 집중했다.
그러기 위해서는 무엇보다도 중요한 것이 '공간의 매력'이다. 공간에 매력이 없으면 누구라도 찾지 않는다. 가령, 산과 어우러지는 풍경이 멋지다거나, 공간에 얽힌 이야기가 풍성하다거나, 공간에서 제공하는 제품이 아주 특별하다거나, 하다못해 화장실이 세계적으로 알려졌다는 이야기라도 있어야 '공간'이 아름다울 수 있다. 이런 공간의 매력이 있어야 사람들은 그 공간을 즐겁게 찾고, 또 재방문한다. 정원, 상품, 음식, 분위기, 그리고 전체적인 이야깃거리…. 정서진 대표는 이 모든 요소가 하나의 경험으로 연결되도록 꾸준히 신경 썼고, 새실은 그 자체로 '경험의 목적지'가 되기 시작했다.

새실은 자본이나 규모로 경쟁하지 않는다. 정서진 대표는 자신의 추억과 경험, 그리고 능력을 새실에 녹였다. 오직 이곳에서만 가능한 콘텐츠, 어린 시절의 추억과 생태 자원, 분재와 정원에 대한 전문성이 어우러진 체험으로 Only 1 브랜드 전략을 실현하고 있다. 마을 웅덩이에서 보던 새, 남생이, 물고기를 비롯해 분재원을 운영하던 집안 배경이 지금은 원예체험행사, 생태프로그램의 참여자에게 전문가적인 면과 진실함, 생생한 현장감 있는 이야기를 그대로 전달할 수 있는 원천이 되었다.
현재 새실의 조직은 크지 않다. 소규모 조직이다. 하지만 정서진 대표는

농업회사법인(주) 새실

농업회사법인 ㈜세실은 정서진 대표는 자신의 추억과 경험, 그리고 능력을 정원에 녹였다. 마을 웅덩이에서 보던 새, 남생이, 물고기를 비롯해 분재원을 운영하던 집안 배경이 지금은 원예 체험 행사, 생태프로그램의 참여자에게 전문가적인 면과 진실함, 생생한 현장감 있는 이야기를 그대로 전달할 수 있는 원천이 되었다. 멋지다.

작은 규모일수록 '신뢰를 기반으로 한 인술'이 중요하다고 말한다. 직원 채용 시 가장 중요하게 보는 요소는 첫째가 인성, 둘째도 인성, 그리고 또 셋째도 인성이다. 기술보다 태도, 능력보다 사람됨이 더 중요하다고 강조한다.

또한 조직 문화에서 가장 신경 쓴 부분은 조화를 해치는 부정적인 에너지를 단호하게 배제하는 것이었다. 신뢰를 바탕으로 자율성과 책임이 공존하는 효율적인 근무 환경을 만들고자 노력하고 있다.

세실 정서진 대표에게 실패는 과정일 뿐이다. 될 때까지 개선하고, 계속하면 된다는 확신이 그를 움직인다. 결정을 내릴 때는 지나치게 고민하지 않고, 빠르고 직관적인 판단을 내린 후, 결과가 좋지 않더라도 긍정적인 방향으로 바꾸기 위한 노력에 집중한다. 정서진 대표는 "사업은 하루하루가 위기"라고 말한다. 하지만 "위기를 긍정적으로 바라보면 어느 순간 익숙해지고, 결국 극복할 수 있다."는 말도 빼놓지 않는다. 그의 말은, 창업자, 특히 지역 창업자로서 어쩔 수 없이 겪어야 하는 어려움을 한마디로 토로한 것이며, 또 한편으로는 어려움을 극복하는 방법은 긍정적인 마음의 자세에서 온다는 지고지순한 진리의 다른 표현이다.

긍정의 자세와 함께 그가 창업에 꼭 필요하다고 생각하는 게 있다. 바로 가족이다. "창업은 절대로 가족의 지지 없이 시작해서는 안 된다. 가족의 지지는 결국 가장 큰 원동력이다." 이 말은 가족이라는 울타리의 중요성은 개인에게도 중요하지만, 창업자에게도 꼭 필요한 성공 조건이라는 말이기도 하다.

앞으로 새실은 영암에서 유일무이한 공간 경험을 제공하는 농촌기업으로서의 정체성을 강화할 계획이다. 새실은 단순한 장소가 아닌, 감성, 자연, 이야기, 그리고 정원 그 자체가 콘텐츠가 되는 브랜드를 꿈꾸고 있다.

    정서진 대표는 창업을 고민하는 이들에게 "90세가 되었을 때 후회할 것 같다면, 지금 당장 시작하라."고 조언한다. 단, 조건이 있는데, 그것은 초심을 단 하루도 잊지 말라는 것. 초심이 무너지면 회사는 금방 안다. 농작물은 농부의 발걸음 소리를 듣고 자란다는 말이 있듯이 사업체는 초심을 먹고 성장한다. 초심이 없으면 사업체는 굶어 죽는다.

    창업자는 고집이 필요하다는 말도 빼놓지 않는다. 물론 그 고집은 "자기 확신을 기반으로 한 유연한 고집"이어야 한다. 자기가 확신하지도 못하는 일이란, 자신이 알지 못하는 일이다. 계획도 없는 일이다. 무엇을 먼저하고 무엇을 나중에 해야 할지 프로세스도 모르면 당연히 자기 확신도 서지 않는다. 그러므로 "자기 확신을 기반으로 한 유연한 고집"의 출발한 지기기 원히는 일에 대한 지식과 경험에서 나온다.

새실정원 정서진 대표가 알려주는 창업 성공 팁

　　　술이나 담배에 의존하지 마라.
힘든 상황일수록 맨정신으로 문제를 직면하고 전략을 구상해야 한다.
20~30년 후의 내 모습을 상상하라.
절박한 순간에도 미래를 그리며, 창업의 초심을 잃지 않기 위해 매일 다짐하라.

　　　믿음을 기반으로 작은 조직부터 시작하라.
조직원의 반목이 사업체를 병들게 한다. 조직 구성원이 서로 믿고 의지하게 시스템을 구축해야 한다. 그러면 작은 조직이어도 원활하게 흘러갈 수 있다. 물의 양이 모자라서 흐르지 못하는 것이 아니라 물길이 없어서 흐르지 못한다. 물길만 내주면 된다.

　　　자신을 믿어라.
실패는 과정일 뿐이다. 긍정만이 답이다.

　　　단체보다 더 소중한 소규모 방문객 한 명 한 명
한 명이 와야 100명도 온다. 한 명이 오지 않으면 100명은 절대 오지 않는다. 사람들을 오게 하려면 무엇이든 매력이 있어야 한다. 공간이 주는 매력은 그 중 첫 번째다.

제품 개발 못지않은 네이밍의 중요성
광주의 새로운 향초 '팩토리노멀'

"나를 위해, 내가 좋아하는 뭔가를 해보고 싶었어요."
30을 앞두고, 하정윤 대표는 조용히 자신에게 질문을 던졌다. "지금까지 나는 나를 위해 무엇을 했을까?" 그 질문에서 시작된 작은 도전이 향초다. 처음엔 단순한 취미였지만, 캔들을 만들 때 느끼는 즐거움, 작은 수익도 나기 시작했을 때의 성취감이 점점 그녀의 삶에 중심이 되어갔다. 팩토리노멀은 그렇게, 하정윤 대표가 자신을 위한 삶의 첫 선택에서 시작된 브랜드다.
하정윤 대표는 부친의 사업이 어려워져 대학 3학년 때 휴학하고 고향인 광주로 다시 돌아와 집안의 재기를 위해 가족들과 함께 다양한 일을 해왔다. 팩토리노멀을 창업했던 2019년에도 가족들과 함께 소규모 유통업체를 운영하고 있었기에 체력적으로도 지쳤고, 팩토리노멀에 마음을 다 쏟지 못했던 게 늘 아쉬움으로 남았다.
팩토리노멀을 시작해 제품을 만들고 브랜드를 구축하는 과정에서 하정윤 대표가 가장 신경 썼던 것은 '생산과 판매 과정을 통해 내가 재미와 성취감을 느끼는가?' 하는 문제였다. 워낙 소규모로, 취미처럼 가볍게 시작했던 만큼, 재미와 성취감이 있어야만 에너지를 잃지 않고 지속할 수 있지 않겠는가. 이 자신의 자세와 태도에 관한 질문은 실제로 지금까지 멈추지 않고 사업을 이어올 수 있었던 원동력이 되었다.

또 한편으로는, 모든 제품을 수공예로만 판매할 경우 판매량이 많아지면 일상 유지가 어려울 것이라는 현실적인 고민도 있었다. 그래서 공장화가 가능한 시스템으로 제품을 리뉴얼하는 방향을 모색했다. 그때부터 공장화하기 시작한 것이 지금의 메가 히트 상품인 갈색병 캔들 탄생의 기초가 되었다.

하정윤 대표는 사업을 아주 작게 시작했다. 향초를 만들 수 있는 간단한 제작 도구와 몰드 정도만 갖춘 채 창업했기 때문에, 초기창업 비용도 50만 원이 채 들지 않았다. 부담 없이 시작할 수 있었던 덕분에, 마음 편하게 첫걸음을 뗄 수 있었다. 초기에 마케팅 역시 인스타그램을 통한 SNS 중심의 홍보로만 진행했다. 상품 노출을 최대한 다각화하려고 여러 유통 채널에 제품을 꾸준히 올렸다. 별도의 광고비도 필요 없으니 추가 비용 없이 운영할 수 있었다. 이런 방식 덕분에 초기 비용 부담을 최소화할 수 있었다. 대신에 제품을 사용해본 고객 후기들을 꼼꼼히 살펴보면서 신제품을 만들 때마다 작은 부분까지 개선해 나갔다. 칭찬은 고래도 춤추게 한다는 말처럼 팩토리노멀 제품을 사용한 고객들의 '좋다'는 피드백은 힘이 됐고, '아쉽다'는 평가는 다음 제품 개발에 개선책을 찾아내려고 노력했다.

하정윤 대표에게 있어서 "가장 고마운 리뷰는 가장 아픈 리뷰"였다. 별점 5점 만점에서 딸랑 별점 하나인 후기들. 별점 하나인 후기를 읽을 때는 가슴이 아플 만큼 속상하기도 했지만, 천천히 살펴보면 얻을 수 있는 내용들이 많았다. 아쉬운 부분을 솔직하게 짚어주는 후기 덕분에, 다음 제품을 더 나아지게 만들 수 있었다.

'하루를 특별하게 만드는 캔들.' 향초 브랜드들이 내세우는 전략이다. 다들 브랜드 방향도 비슷하고, 제품과 이미지도 비슷했다. 캔들은 하루를 특별하게 만드는 마력을 갖고 있지만 브랜드 방향과 차별화 전략까지 같을 수는 없었다. 그것마저 같으면 팩토리노멀의 캔들은 그저 그런 또 하나의 불빛에 지나지 않는다. 이게 하정윤 대표의 고민이었다. 하정윤 대표 역시 "하루를 특별하게 만드는 캔들"이지만, 그것으로 만족하지 않고 "하루를 '더' 특별하게 만드는 캔들"이 필요했다. 캔들의 기본적인 역할에 충실하면서도, 그 이상의 가치를 선사할 방법에 대해 끊임없이 고민했다. 단순히 향이 좋은 캔들을 넘어, 보통의 하루를 '더' 특별하게 만들어줄 수 있는 캔들과 브랜드를 만들기 위해 노력했다.
일반적으로 캔들은 본인이 사서 사용하는 아이템으로 인식되는 경우가 많았지만, 코로나19로 인해 집에 머무는 시간이 길어지고 랜선 미팅이 늘어나면서, 선물용 아이템으로도 적합하다고 판단했다. 그래서 카카오톡 선물하기와 같이 선물에 어울리는 온라인 플랫폼을 적극적으로 공략하기 시작했다.

가장 효과적이었던 마케팅은 제품과 향에 대한 네이밍에 있었다. 특히 '타닥타닥 우드심지'를 필두로 한 우드심지 캔들이 입소문을 타면서 판매가 본격적으로 늘어나기 시작했다. 선물을 주는 사람과 받는 사람, 양쪽 입장을 모두 고려한 아이템이라는 점이 고객들에게 긍정적으로 다가갔던 것이다. 고객을 바라보며 꾸준히 좋은 제품과 서비스를 제공하려는 노력, 그 기본이 가장 중요한 마케팅이었다.

회사 구성원의 성장과 함께할 때 회사의 성장은 속도가 가장 빠르다. 각자의 강점을 존중하고, 신뢰를 바탕으로 함께 성장해야 구성원의 만족도도 가장 높다. 하정윤 대표는 이 점을 일찍부터 알아서 팀원 각자의 개성과 강점을 존중하고, 자율성과 신뢰를 바탕으로 스스로 책임감을 느끼고 일할 수 있도록 부추기고 배려했다. 그래서 회사와 '함께 성장하는 문화'로 만드는 데 집중하고 있다.

또한 직원 채용 시에는 회사가 가진 분위기와 잘 어우러질 수 있는 직원인지를 가장 중요하게 고려한다. 뛰어난 실력도 물론 중요하지만, 조직 안에서 서로를 존중하고 긍정적인 에너지를 나눌 수 있는 사람이어야 한다. 함께 일할 때 편안함과 신뢰를 느낄 수 있는지가 하정윤 대표에게는 가장 큰 직원 채용 기준이다.

좋은 팀을 만들기 위해 하정윤 대표는 매일 바쁘다. 팀원들이 무엇을 좋아하는지, 어떤 부분에 재능이 있는지를 자세히 관찰하고 파악하려고 노력한다. 또한 서로를 경쟁 상대로 보지 않고, 도움이 필요할 때 자연스럽게 손을 내밀고 함께 성장할 수 있는 이타적인 분위기가 조성되어 있는지 살핀다. 그래야 좋은 팀이 만들어진다고 믿기 때문이다. 팩토리노멀 하정윤 대표는 억지로 역할을 정해주는 것이 아니라, 각자의 관심사와 강점을 존중해서 자연스럽게 몰입할 수 있는 환경을 만드는 데에 더 많은 신경을 쓰고 있다.

하정윤 대표에게 위기는 항상 '지금'이다. 제품 판매가 잘될 때는 물량 수급과 인력 문제, 덜 될 때는 매출, 재고, 그리고 역시 인력 문제까지 어느 한순간이라도 위기가 아닌 적이 없다. 사업이라는 건 늘 잘될 수도,

팩토리노멀

광주 팩토리노멀 하정윤 대표는 "하루를 특별하게 만드는 캔들"로 만족하지 않았다. "하루를 '더' 특별하게 만드는 캔들"이 필요했다. 캔들의 기본적인 역할에 충실하면서도, 그 이상의 가치를 선사할 방법에 대해 끊임없이 고민했다. '더' 좋은 캔들은 이렇게 만들어졌다.

늘 안될 수도 없는 일이기 때문에, 매 순간 새로운 문제를 마주하게 된다. 위기는 항상 '지금'이기 때문에 위기를 극복하는 방법도 항상 '지금의 상황'에서 찾는다. 매일매일 달라지는 흐름과 시대에 맞춰 고객들의 니즈를 빠르게 파악하고, 명쾌하게 해결할 수 있는 제품과 서비스를 제공하는 것이 사업에서 가장 중요한 점이라고 늘 상기한다.

하정윤 대표는 팩토리노멀을 시작하기 전, 식품 유통업, 김치 쇼핑몰 등 여러 사업을 시도하며 실패를 경험했다. 당시에는 힘들었지만, 그 과정에서 거래처와 소통하는 방법, 마케팅 경험, 그리고 사업 중에 발생할 수 있는 다양한 사건 사고 대처 방법과 신중함을 배울 수 있었다. 하정윤 대표에게는 실패에서 배울 수 있었던 시간 역시 값진 시간이었다. "지금 돌이켜보면, 그 모든 경험이 지금의 팩토리노멀을 운영하는 데 큰 밑거름이 되었다."

새로 사업을 시작하려는 예비창업자에게 주는 조언도 빼놓지 않는다. 그의 조언 중 첫 번째가 겉모습에 심취하지 말라는 것이다. "사업을 외부자의 시각으로 보고 멋져 보여서 시작하는 것은 정말 피해야 한다."는 게 그의 생각이다. 표면적으로는 자유로워 보이고, 멋있어 보일 수 있지만, 실제 사업은 예상보다 훨씬 많은 책임과 현실적인 문제를 마주해야 한다. 고객의 니즈를 충분히 파악하지 않고, 자신의 욕심만으로 시작한다면 오래 버티기도 어렵고, 꾸준히 좋은 결과를 기대하기도 힘들다는 점에서 하정윤 대표의 말은 예비창업자가 귀를 세우고 들어야 할 말이다.

팩토리노멀 하정윤 대표가 알려주는 창업 성공 팁

트렌드보다는 본질을 지켜라.
작게 시작하더라도 꾸준히 고객과 소통하며 진짜 필요한 가치를 제공하는 브랜드가 되기 위해서는 트렌드에 따라가기보다는 본질을 지키는 게 중요하다. 끝까지 버티되, 새로운 방법을 찾고 계속 시도할 수 있는 마음이 가장 중요하다. 초심을 잃지 말자는 옛말은 틀리지 않는다.

건강을 지켜야 성공한다.
중대한 사안에 대해 좀 더 나은 선택을 하기 위해서는 오랫동안 고민하고, 충분히 자야 한다. 잘 먹고 잘 자야 생각 회로가 차분해지고 명료해진다.

판매 채널을 고려해야 한다.
판매할 제품만 생각하지 말고, '어디서 판매할지'를 고민해야 한다. 좋은 제품을 기획하고 생산하는 것도 중요하지만 그 이전에 어디서 판매할지를 먼저 선정해야 그 시장의 소비자 특성에 맞는 제품을 생산할 수 있기 때문이다. 판매 채널에 대한 고민도 제품만큼이나 중요하다고 생각합니다.

내가 불편한 것을 혁신하라
혁신적인 빗자루 '쓰리잘비'

큐어라이프는 혁신적인 빗자루 브랜드 '쓰리잘비'를 개발하고 제조하는 기업이다. 창업 6년 만에 매출 100억 원을 달성하며 강소기업으로 자리 잡았고, "우리는 어렵게 만들고, 소비자는 쉽게 사용한다"는 슬로건 아래 실용적인 청소 도구 개발에 매진해왔다.

'샤워 후 물기, 어떻게 간편하게 닦을 수 있을까?' 큐어라이프의 창업자 양혜정 대표는 공무원 시험을 준비하던 시절, 좁은 자취방에서 생활하며 청소의 불편함을 절실히 느꼈다. 화장실 벽지에 곰팡이가 끼지 않도록 청소해야 했다. 매번 허리를 숙여 물기를 닦는 일이 번거로웠다. 방 청소도 마찬가지로 불편했다. 이 모든 문제를 하나의 도구로 해결할 수 있다면 얼마나 좋을까. 이러한 발상에서 시작된 것이 바로 다기능 청소 도구, 쓰리잘비다.

쓰리잘비는 실리콘 소재를 활용한 독창적인 빗자루로, 반려동물의 털과 머리카락은 물론 액체까지도 말끔히 청소할 수 있다. 카펫이나 러그에서도 뛰어난 성능을 발휘하며, 빗자루, 스크래퍼, 와이퍼의 기능을 하나로 결합한 '슈퍼 빗자루'로 입소문을 탔다. 특히 특허받은 4중 빗날 구조는 한 번의 비질로 네 번을 쓸어낸 효과를 내며 큰 호응을 얻었다. 강력한 정전기 흡착력을 가진 POE 합성 TOE 빗날과 고품질 RUBBER·PP 소재를 적용했고, 10만 회 이상의 내구성 테스트를 통과하며 품질 면에서도 인정받고 있다. 이로써 누적 판매량 650만 건, 평균 평점 4.9점을 기록하며 시장에서 높은 만족도를 이끌어냈다.

처음부터 사업이 순탄하지는 않았다. 경험 없이 시작한 창업인데다가, 정부 지원 없이 곧장 시장에 뛰어들어 운영, 회계, 제조, 행정 등 모든 것을 스스로 해결해야 했다. 첫 투자금 1억 원으로 시작한 사업은 1년간 900만 원의 매출에 그치며 폐업 위기를 겪었다.

하지만 양 대표는 포기하지 않고 두 번째 투자를 유치했고, 제품 개발에 직접 참여한 경험을 바탕으로 실리콘 빗자루라는 생소한 카테고리를 와디즈 펀딩을 통해 소개했다. 이 펀딩은 단순한 자금 모집이 아닌 소비자 설득의 과정이었다.

당시 시장에는 유사한 제품이 전무했다. 앞선 샘플이나 모델 없이 '실리콘빗자루'라는 카테고리를 신설하는 상황이었기 때문에 양 대표는 쓰리잘비 크라우드 펀딩은 제품의 존재 이유부터 설명해야 했다. 다행히도 와디즈에서 만난 서포터들은 쓰리잘비를 궁금해했다. 와디즈 1차 펀딩은 서포터들과의 질의응답, 영상 응답, 그리고 적극적인 피드백 수용을 통해 성공적으로 마무리됐다. 하지만 2차 펀딩에서는 외부 인력 조립 과정에서 소통 부족과 품질 관리 미흡으로 1,000개 이상의 불량품이 발생했다. 반품 및 교환 안내 시스템도 준비되어 있지 않았다.

배송업체와의 일련의 계약을 연장하고 앞선 불량을 회수하고 조치하기 위해 바로 이어 계획되어있지 않았던 3번째 펀딩을 열었다.
"실수했다면, 바로 알리고, 바로잡자."
양혜정 대표는 불량 문제를 모두 오픈하고, '그래서 열리는 펀딩'이라는 내용을 솔직하게 업로드했다. 이미 한 차례 펀딩이 이뤄진 상태였기 때문에 펀딩 자체에는 큰 기대를 하지 않았음에도 오히려 이미 불량품을 받았던 후원자들까지 펀딩에 참가하며 기대하지 않은 규모의 펀딩으로 막을 내릴 수 있었다.

이러한 경험들은 브랜드가 위기를 대하는 태도가 궁극적인 신뢰를 쌓는 가장 확실한 방법임을 증명해주었다. 2019년 1월, 첫 번째 크라우드펀딩이 종료된 이후에도 소비자들의 피드백을 적극적으로 반영해 제품의 소재, 성능, 디자인 등이 지속해서 개선되었고, 길이 조절형 모델과 침구 청소에 적합한 핸디잘비가 개발되며 제품군이 확장되었다.

현재 쓰리잘비는 5개 모델이 출시되었으며, 이 중 3개는 '굿 디자인상'을 수상했고, 핸디잘비는 특허청장상을 받는 성과를 거두었다. 쓰리잘비는 미국 아마존에서 베스트 아이템 BEST ITEM 으로 소개되고 있으며 타깃 TARGET과 같은 오프라인 체인에서 판매되고 있다. 미국과 일본의 QVC 홈쇼핑, 호주의 TVSN 홈쇼핑 채널을 통해서도 소개되고 있으며 미국의 Good moring America등 3개 뉴스 채널에서 핫 아이템으로 선정되는 등 해외 시장에서도 좋은 반응을 얻고 있다. 국내뿐만 아니라

쓰리잘비

"샤워 후 물기, 어떻게 간편하게 닦을 수 있을까?" 큐어라이프 창업자 양혜정 대표는 공무원 시험을 준비하던 시절, 좁은 자취방에서 생활하며 청소의 불편함을 절실히 느꼈다. '번거롭고 힘든 청소를 하나의 도구로 해결할 수 있다면 얼마나 좋을까?' 이러한 발상에서 시작된 것이 바로 다기능 청소 도구, 쓰리잘비다.

미국, 일본, 중국에서도 특허를 취득하며 글로벌 브랜드로 성장 중이다. 큐어라이프는 향후 생산설비 자동화, 해외 생산기지 확보, 중저가형 모델 개발을 통해 각국에 맞춘 현지화 전략을 강화할 계획이다.

큐어라이프의 사훈은 명확하다. "회사는 팀원을 존중하고, 팀원은 고객을 존중한다." 이 원칙에 따라, 조직은 자긍심 있는 구성원, 서로를 믿는 신뢰의 문화, 그리고 무엇보다 경청의 태도로 운영된다. 아이디어는 연차, 나이에 상관없이 누구든 말할 수 있고, 서로의 의견을 소중히 여기는 분위기를 만들어가고 있다.

소비자의 피드백은 모든 제품 개발의 중심에 있다. "제품의 장점을 말하는 것보다, 피드백을 녹여내는 방안을 찾는 것이 우리의 역할"이라는 철학은 매번의 개선 과정에서 구체적으로 실현되기도 했다. 양혜정 대표는 " 우리는 소비자가 원하는 것을 가장 먼저 고민하고, 제품의 품질을 철저히 관리해 대한민국 제조업의 자부심이 되고자 한다"라고 말한다. 그는 " 직원들과 회의할 때, 회사의 이익보다 소비자의 이익을 우선하는 것이 원칙"이라며, "소비자의 의견을 기록하고, 이를 반영해 더 나은 제품을 개발하는 것이 우리의 핵심 철학"이라고 강조한다.

큐어라이프 양혜정 대표가 알려주는 창업 성공 팁

내가 불편하면 다른 사람도 불편하다.
창업 아이템을 찾는 예비 창업인이 많다. 무엇을 생산해서 어떻게 팔 것인가가 고민의 시작일 터다. 그러면 내 생활부터 둘러보자. 내가 정말로 불편하게 생각하고 불편을 감수하면서 살아가는 게 무엇인지 나 자신에게 물어보자. 거기서 아이템을 찾으면 성공할 수 있다.

"우리가 제일 잘 아니까, 우리가 직접 보여주자"
제품을 설명하는 말보다 직관적인 영상과 이미지가 더 큰 설득력이 있다. 나는 편집 기술도 없이 유튜브를 보며 배웠다. 직접 짧은 영상과 실험 GIF를 제작했다. 제품을 가장 잘 이해하고 있었기에 진정성 있는 콘텐츠가 소비자의 공감을 얻었다. 소수 정예 팀의 직접 소통과 실험 중심의 마케팅 전략은 브랜드 차별화의 핵심 전략으로 자리 잡았다.

버티면 승리한다.
결국 승리하는 사람은 버텨낸 사람이라는 말에 공감한다. 정진하는 자세로 포기하지 않는다면 한 번은 기회가 오는 것 같다, 끈기를 갖는 게 얼마나 어려운지 알지만 버티고 견디면 꼭 결실을 이룰 것으로 생각한다.

자신을 스스로 개척하라.
자신의 일에 한계를 두지 않고, 이미 정해진 답이 있다면 한 번쯤 의심하며 '알아서 되는 일'을 기대하기보다는 스스로 개척하는 방법을 고민해 보는 것이 좋다. 이건 팁이기보다는 나 자신에게 해주고 싶은 조언이자 다짐이다.

기술이 돈이고, 자본이다
열을 다스리는 '아이스링커'

아이스링커는 사람, 사물, 사회 모든 분야에 열로 인한 문제를 냉각 기술로 해결하는 기업이다. 쉽게 말해 아이스링커는 고열로 고통받는 아이의 체온을 지속 냉각하며, 체온, 해열, 위험 알림을 앱으로 관리하는 기기를 출시할 정도로 열과 관련된 제품을 내놓는 기업이다.

아이스링커 김형규 대표가 열 관련 제품을 생산하게 된 건 아이를 키운 경험 때문이다. 김형규 대표는 아이가 3명 있다. 아이들이 어릴 때 감기를 달고 살아서 병원과 응급실을 수시로 오갔다. 그때마다 해열제, 물수건으로 밤잠 설치는 날들이 많았다. 김형규 대표는 불편했다. 아이들이 아플 때 자동으로 체온을 체크하고, 해열 관리가 가능한 제품은 왜 없을까 궁금했다. 아무도 만들지 않기에 "그럼 내가 해보자." 하는 심정으로 제품을 구상했고, 삼성전자 씨랩C-Lab을 통해 창업까지 하게 되었다.

창업 초기에는 무척 힘들었다. 모르는 게 너무나 많았다. 개발직군에서 23년이나 일했기에 만드는 것은 누구보다 자신 있었지만, 개발 외에

경영, 인사, 회계는 물론 투자, 정부 지원과제, 마케팅, 영업 분야는 모르는
게 너무 많아서 하나부터 열까지 발로 뛰어 배우고 물어보고 다녔다.
하루하루가 힘들었다.

김형규 대표가 사업 아이디어를 구체화하는 과정에서 가장 중요하게
생각했던 포인트는 '만들 수 있냐?' '어떤 식으로 만드냐?' '누구와
만드냐?'와 같은 1차원적인 요소였다. 물론 이런 요소도 중요하다.
하지만 4년 차에 접어드는 시점에서는 "가장 중요한 요소는 무엇보다
'팔릴 수 있는 제품인가?' '팔 수 있는 사람이 있는가?' '소비자가 원했던
제품인가?'를 확실히 확정하고 시작해야 한다는 것을 배웠다."고 말한다.

기술력은 아이스링기 김형규 대표에게 최고의 징짐이고 능력이다.
기술이 초기 사업자금이 되기도 한다. 초기에 사업자금은 예비창업
패키지, 초기창업 패키지 같은 정부 지원과제와 경진대회 상금 위주로
자금을 마련했다. 그 이후에는 회사 매출과 기술력을 바탕으로
투자 유치를 진행했다. 경쟁사와 차별화도 기술력으로 경쟁했다.
아이스링커는 냉각 기술 하나만으로 어떤 기업도 따라 올 수 없도록
기술이 필요했지만, 세상에 없었던 제품을 만들어 차별화 포인트를
만들었다.

그렇다고 자금력이 튼튼한 것은 아니었다. 초기 자금은 쉽게 사라진다.
처음 고객을 확보하려면 광고비나 기타 비용이 필요한데, 김형규 대표는
크라우드 펀딩을 통해 고객을 확보했다. 마케팅에서 여러 가지 기법이
있지만, 사용되는 비용이 워낙 차이가 나서 초기에는 체험단/시범단을
위주로 마케팅을 진행해 입소문을 내고, 각종 전시회를 통해 바이어들을

만났다. 현재는 전문 판매 담당자, 영업 회사와 제휴(계약)하여 전문적인 마케팅을 진행하고 있다.

제품 판매와 서비스를 하면서 시장 반응도 자세히 살피는데, 김형규 대표는 칭찬은 독이라고 말한다. 오히려 가감 없는 질책과 욕설이 약이란다. 실제 돈을 내고 구매한 고객들의 쓴소리를 듣고 기능, 디자인, 옵션을 모두 뜯어고쳤다.

실패는 언제나 쓰다. 첫 제품 판매를 통해서 대략 2억 원 정도 손실을 겪었다. 예측한 수요보다 판매가 저조했고, 시장 반응도 좋지 않았다. 그래서 얻은 교훈이 있다. '잘 팔 수 있는 제품을 만들고, 아니다 싶으면 단칼에 잘라내자.'

사업을 하면서 위기를 겪기도 했다. 위기는 다른 곳에서 오지 않는다. 가장 가까운 사람에게서 온다. 사람이 사람을 힘들게 하지, 물건이 사람을 힘들게 하는 일은 없다. 사람이 제일 어렵고, 사람 때문에 울고 웃는다. 김형규 대표도 함께 일한 동료로 인해 마음고생을 많이 했다. 사람 관계야 딱 끊어버리면 되는 거 아니냐고 말하지만, 그것도 쉽지 않다. 김형규 대표의 말에 의하면, 알고 지낸 세월만큼 좀 더 노력하면 관계가 복원 될 것이라는 생각은 오답이다. 그 오답을 오래 끌어안고 사는 것만으로도 힘들다. 누군가와 함께하려면 공과 사는 확실하게 구분해야 한다.

창업가로서 가장 중요한 덕목을 김형규 대표는 냉철한 결단력이라고 말한다. 경영하는 사람은 수많은 결정을 해야 한다. 처음에는 자문하고, 주위 사람들에게 물어보지만, 결국 본인 스스로 결정하고 책임져야 할 시기가 온다. 그때 믿을 것은 오직 하나, 빠른 결정을 할 수 있는 결단력이다.

아이스링커

아이스링커 김형규 대표는 아이가 세 명 있다. 아이들이 어릴 때 감기를 달고 살아서 병원과 응급실을 수시로 오갔다. 그때마다 해열제, 물수건으로 밤잠 설치는 날들이 많았다. 김형규 대표는 불편했다. 아이들이 아플 때 자동으로 체온을 체크하고, 해열 관리가 가능한 제품이 없어서 직접 만들었다.

위기 속에서 올바른 결정을 내리기 위한 기준도 따로 없다. 각 회사마다 상황이 다르고, 여건과 자금이 다르기 때문이다. 대신 중요한 건 '지금'이 가장 빠른 결정이라는 것이다. 다음에 그 결정이 옳았든 틀렸든 대표는 결정하는 사람이고, 그 결정에 책임을 지는 사람이기에 최대한 빠른 결정을 해야 한다. 회사의 리더는 의무와 책임을 다하는 사람이다. 맞다. 스타트업 대표에게 의무와 책임은 당연하다. 그에 따른 권리 권한 역시 당연하니, 책임만 다하지 말고 노력한 만큼의 권리와 권한을 꼭 행사하길 당부한다. 따뜻하고 다정한 대표보다는 차갑지만, 냉철하게 판단하고 돈을 끌어 올 수 있는 능력과 자신감을 가져야 한다. 김형규 대표는 그렇게 생각한다.

아이스링커 김형규 대표가 알려주는 창업 성공 팁

공부하자.
창업을 준비하는 사람들이라면 하고자 하는 분야에 따라 최소 1년 이상 경험해보라. 단, 일하는 사람이 아닌 창업자 옆에서 배우고 혼나고 얻을 수 있는 경험을 많이 해보기를 권한다. 3년 이상 회사를 운영한 창업자에게는 수많은 경험과 좌절, 그리고 비법이 있는 법이다.

사람이 가장 힘들다.
친구나 가족이랑 사업하지 마라. 공동내표 하시 바라. 부조건 싸우며 무조건 후회한다. 창업은 혼자 하는 것이다. 만약 혼자 하기 힘들다면 마음이 맞는 사람과 하고, 지분은 무조건 대표가 60% 이상 가질 수 있어야 한다. 그리고 잘하는 것보다 잘 팔 수 있는 걸 고민하고 시작하기를 권한다. 각각의 의무와 책임은 당연하며, 권리 권한은 필수이다.

진심과 신뢰가 회사를 키운다
하이브리드 광학 솔루션 '캔디옵틱스'

창업을 결심한 순간은 단순한 직감이 아니었다. 캔디옵틱스 오지현 대표는 "자율주행차에 적용되는 첨단운전자보조시스템ADAS 카메라 모듈 및 라이다LiDAR 시스템에 저희 팀이 개발한 하이브리드 광학 솔루션을 적용하면 수요기업이 겪고 있는 자율주행 기술 고도화의 많은 문제점을 해결할 수 있다는 확신이 있었고, 저희 팀의 광학 기술이 자율주행뿐만 아니라 수많은 응용 산업군에 적용되어 사회적으로는 사용자가 안전하고 국가적으로는 국내 광학 산업을 다시 활성화하고자 창업을 결심했다." 라고 말한다.

그러나 현실은 냉정했다. 창업 초반 가장 힘들었던 건 '월급이 없다는 현실'이었다. 제품을 개발하면서 아르바이트를 병행했고, 전업주부였던 아내가 생업에 나서야만 했다. 시제품 제작에 필요한 자금도 없었다. 어디서부터 시작해야 할지 몰랐고, 정부 지원사업에 대한 정보도 없었다. 그때 절실하게 다가온 단어는 단 하나, '멘토링'이었다. 초기 창업자에게는 누군가의 경험에서 비롯된 작은 조언 하나가 등불이 된다.

오지현 대표는 중기부에서 지원하는 창업 지원 프로그램인 예비창업패키지, 초기창업패키지에 도전했고, 다행히 선정됐다. 그 기회를 통해 시제품을 완성할 수 있었고, 광주창조경제혁신센터와 함께한 투자지원프로그램인 퍼스트 IR 프로그램을 통해 시드 투자 유치에도 성공했다. 이후 TIPS R&D, 디딤돌 R&D 사업에 연이어 선정되며 하이브리드 광학 렌즈의 기술 고도화를 안정적으로 이뤄낼 수 있었다.

처음에는 광학 산업에서 15년 이상 쌓아온 인프라를 마케팅에 활용했다. 예비창업패키지로 만든 시제품으로 국내 수많은 카메라 모듈 회사에 제품 설명을 요청할 수 있었다. 그때 당시에는 제품 발주가 목표가 아니었다. 우리의 제품을 평가해달라는 목적이 가장 중요했다. 이러한 진정성 있는 부분을 수요고객에게 어필했고 그 선택이 잘 먹혔다. "평가만이라도 해달라"는 진심 어린 요청은 오히려 더 긍정적인 반응을 끌어냈다. 그리고 그 피드백은 단순한 반응이 아닌, 경쟁사와의 비교 평가로 이어졌다. 시장의 니즈를 정확히 이해하게 된 계기였다.

캔디옵틱스는 고객이 말하는 '불편함'을 먼저 해결하는 방식으로 제품을 개선해 나갔다. 오지현 대표는 "내가 생각하는 최고의 마케팅은 언제나 고객들과 '직접 만나는 것'"이라고 말한다. 현장에서 고객의 문제를 보고, 해결 방안을 제시하고, 다시 반응을 듣는 반복 과정이 결국 브랜드의 신뢰를 만든다는 것이다.

캔디옵틱스 오지현 대표는 회사를 운영할 때 세 가지 원칙을 중심에 둔다. 동료, 신념, 꿈이 바로 그 세 가지다. 함께 혁신을 만들어 갈 동료, 어떤 문제든 해결할 수 있다는 신념, 더 큰 가치를 향한 꿈이 회사를 움직이는 동력이다.

채용 기준도 단순하지 않다. "당신의 꿈은 무엇인가요?", "인생의 목표는요?" 이런 걸 면접에서 묻는다. 학력, 경력보다 중요한 것은 자기 삶의 주도권을 쥔 사람이어야 한다는 점이다. 좋은 팀은 대화에서 시작된다. 가정사든 연애든 무엇이든 이야기할 수 있어야, 그 안에서 신뢰가 생긴다. 그 신뢰는 결국 어려운 상황에서 조직이 흔들리지 않도록 만들어준다.

캔디옵틱스에도 그 모든 순간이 위기였다. 창립 구성원의 갑작스러운 퇴사, 처음 양산에서의 대규모 불량 발생, 공급망SCM 미비로 인한 납기 실패…. 절체절명의 순간이 이어졌다. 위기를 극복하는 기준은 단 하나였다. "초기창업의 목표를 절대 잊지 말 것." 현실과 타협하지 않고, 손해를 보더라도 본질을 지켜가는 태도는 결국 회사를 살리고, 팀을 지켜주는 가장 강력한 전략이었다.

기업체 운영은 쉽지 않다. 오지현 대표는 그 어려움을 몇 가지로 간추린다. 첫 번째 어려운 게 사람과 사람의 관계에서 생긴다. 기업을 운영하다 보면 팀원들과의 불협화음이 일어나기 쉽다. 문제가 발생하면 서로의 잘잘못을 따지기 시작하고 기업의 대표는 그런 팀원이 문제라고 생각하면서 "누구누구 때문에 이런 문제가 발생하는 거야"라며 발생한 문제를 팀원에게 책임을 전가하는 실수를 한다.
하지만 스타트업에서 가장 중요한 것 중 하나가 바로 팀원과의 신뢰를 바탕으로 하나가 되어 사업이 진행되어야 한다는 점이다. 문제라고 생각한 팀원을 내보내고 새로운 팀원을 채용한다고 문제가 해결되는 것은 아니다. 달라지는 건 전혀 없고 결국 또 실수를 계속 반복할 뿐이다.

창업자는 결국 선택한 팀원들에게 계속 무한한 신뢰와 비전과 사랑을 줘야 한다. 문제가 발생하면 모두의 문제로 끌어낼 수 있어야 한다. 어려운 이야기이지만 결국 기업의 대표가 해결해야 할 숙제다.

두 번째 주의해야 할 것은 당장 기업의 매출이 발생하지 않는다고 해서 절대 정부 지원사업비 또는 연구개발R&D 사업비에 의존하여 매년 사업계획서를 작성하는 식으로 운영해서는 안 된다는 것이다. 정부 지원의 도움을 받아 기업의 제품을 정해진 계획대로 정확하게 개발하고 목표 고객에게 제품 개념을 설명하여 고객과의 거래로 인한 매출을 달성하는 데 집중해야 한다.

이치피 사업은 마라톤이라고 하는데 처음 설정한 마일스톤에서 조금 부족하게 달성하더라도 목표 매출을 달성하는 데 집중한다면 어느 순간 기업의 제품 가치도 같이 높아질 것이라고 오지현 대표는 믿는다. 그렇게 마일스톤을 차근차근 지켜가다 보면 자신을 인정해 주는 고객사 또는 투자파트너를 만나 기업을 성장시킬 수 있을 것이라는 말이다.

캔디옵틱스 오지현 대표의 말에 따르면, 그런데도 창업은 힘들다. 직장 생활을 하면서 누렸던 '워라벨'은 지킬 수 없다. 가정에도 소홀해진다. 창업 초기에는 기업의 프로세스가 갖춰지지 않았기 때문에 창업자가 제품 개발, 제조, 경영, 재무, 회계, IR을 모두 챙겨야 한다. 업무가 너무나 많아서 집에 가지 못하는 날이 많다. 하지만 "목표가 있고 그 목표의 정점에 한번 가보고 싶다"는 열정과 끈기가 있는 예비창업자라면 창업을 적극적으로 추천한다는 말도 빼놓지 않는다.

캔디옵틱스 오지현 대표가 알려주는 창업 성공 팁

소통, 공감, 용기가 필요해

창업가로서 가장 중요한 덕목은 '소통', 신뢰할 수 있는 '공감', 그리고 결정하고 선택했다면 밀고 나갈 수 있는 '용기'다. 고객사의 담당자도 사람이다. 고객사 담당자의 애로사항을 소통으로 끌어내 공감해주고, 문제점을 해결할 수 있는 방법을 찾아 바로 추진력 있게 행동으로 옮겨서 보여준다면, 그 고객사의 담당자는 감동할 것이고 결국 기업의 이익으로 되돌아올 수 있을 것이다. 세 가지는 조직 구성원 사이에서도 필요하다. 팀원들의 애로사항을 소통으로 끌어내 공감해주고 기업의 대표가 먼저 다가가 같이 문제를 해결해주려는 행동을 보여준다면 그 팀원은 우리 기업을 더 사랑하게 되고 더 열심히 본인의 업무에 최선을 다하려고 노력할 것이다. 이 세 가지 덕목을 중요하게 생각하는 이유는 아무리 AI가 발전하고 기술이 발전한다고 해도 그 발전을 이루는 것은 결국 사람이기 때문이다. 위기일수록 팀원과 먼저 소통하고, 신뢰할 수 있는 팀을 확보해야 성공할 수 있다.

무료에서 유료 구독 서비스로 전환하는 방법
아기말 번역기 '알잠닥터'

울음으로밖에 표현하지 못하는 0~3세 아이들의 영유아 생활 방식 분석을 활용한 빅데이터를 구축한다. 데이터를 '녹박육아'로 힘들어하는 양육자들께 맞춤형 정보로 제공한다. 이로써도 해결하지 못하는 부분은 상담전문가나 물론 소아청소년과와 연결하여 쉽고 빠르게 문제를 해결할 수 있도록 돕는다. '알잠닥터'라는 디지털 헬스케어 플랫폼의 원리다.
육아, 감이 아닌 데이터로 해결할 수는 없을까?
디닷케어D.DOT Care는 '데이터로 육아를 돕는다'는 목표로 시작된 기술 기반 헬스케어 스타트업이다. 단순한 정보 제공이 아니라, 실제 부모들의 고민을 데이터로 분석하고 해결책을 제안하는 스마트 육아 플랫폼. 그 철학이 디닷케어의 시작이자 오늘날의 핵심 경쟁력이다. 이 경쟁력을 이끄는 이가 디닷케어 허수진 대표다. 허 대표는 지난해 말 내가 운영 중인 '광주창조경제혁신센터 초기창업 펀드'의 투자 유치에 성공했다.

팀원들은 국내 유일 과학 분석기기를 제조하는 제조사의 해외 영업팀에서 한 팀으로 일했던 이들로, 의미 있는 일을 함께하고자 창업을 결심하게 되었다. 여기에 초보 엄마 아빠에게 객관적이고 과학적인 육아를 전파하기 위해 소아청소년과 전문의이자 수면 전문가인 범은경 원장이 2016년부터 합류해 강력한 팀 구성을 마무리해, 아기 생활 데이터 기반 아기 잠 컨설팅 플랫폼 '알잠' 운영을 시작했다.

초기에는 자금 부족과 신뢰 부족이라는 이중의 벽에 부딪혔다. 아무런 기반 없이 육아 정보를 제공하는 것에 대한 의심은 당연한 일이었다. 이를 극복하기 위해 창업팀은 네이버 카페와 유튜브 '알잠' 채널을 통해 양질의 무료 콘텐츠를 꾸준히 제공하며 커뮤니티를 성장시켜 나갔다.
또한 알잠 앱을 통해 무료 상담 서비스를 운영하며 고객 신뢰를 확보한 뒤, 점진적으로 유료 구독 서비스로 전환하는 전략을 펼쳤고, 이는 안정적인 고객 확보로 이어졌다.

디닷케어 역시 실패를 겪었다. 초기 앱 서비스의 일부 기능이 실제 사용자에게 맞지 않아 수정이 필요했던 일이 대표적이다. 하지만 이 경험을 통해 고객의 소리를 적극적으로 경청하고, 데이터를 기반으로 빠르게 개선하는 시스템을 구축하게 되었다.
또한 사업 초기 자금 문제를 극복하기 위해 창조경제혁신센터의 시드 투자를 유치했다. 무료 상담과 콘텐츠 제공을 통한 고객 신뢰 구축이 결과적으로 지속가능한 성장을 가능하게 한 전략이었다.

현재 '알잠앱'을 통한 알잠닥터 비대면 육아 상담 진료는 매우 성공적으로 이뤄지고 있다. 6개월간 1,500명 이상의 진료가 이뤄졌고 재진료율은 첫 달 12%에서 37.5%로 높아졌다. 이동이 어려운 영유아 양육자의 경우, 소아청소년과 방문조차 큰일인데, 집에서 아기의 문제를 전문가에게 바로 문의할 수 있다는 건 큰 장점으로 작용하고 있다. 의료진 입장에서도 미리 시스템적으로 정리된 자료를 토대로 아이들 진료를 할 수 있기 때문에 효율과 만족도가 높은 상황이다.

디닷케어가 운영하는 '알잠닥터'는 양육자 스스로 관리할 수 있는 서비스와 콘텐츠다. 평소엔 앱을 이용해 건강이나 육아 문제가 있을 시 바로 의료진과 연결할 수 있고, 소아청소년과 중심으로 처방이 필요 없는 육아 상담 진료 프로그램을 운영하고 있다.
따라서 다른 비대면 진료 플랫폼과 달리 의료사고 위험성이 없으며, 일반 아기들의 식이·수면·성장·발달 등 데이터를 모아 스스로 관리할 수 있는 시스템을 구축해 의료법에 제한받지 않는 데이터를 확보하여 광고 및 마케팅으로 활용할 수 있다는 장점도 있다.

출생률 저하로 시장 규모가 줄고 있음에도 투자를 진행할 수 있었던 건 이와 같은 장점이 한몫했다. 무엇보다 허 대표가 직장 생활 등 다양한 사회 경험이 있고, 업계 전문가를 포함한 강력한 팀을 구성한 것도 역할을 했다. 게다가 시장 규모는 줄어들고 있지만 1인당 구매율이 몇 배로 커지는 등 되레 총량은 커지고 있는 상황인데다 경영진의 풍부한 해외 경험을 바탕으로 한 글로벌 진출 가능성에 대한 기대감도 반영된 것으로 보인다. 허 대표는 "영유아의 편안한 수면은 결국 젊은 엄마들의 삶의 질을 올리는 데 중요한 역할을 할 것"이라며 "이런 점들이 출생률을 높이는 데 조금이라도 도움이 될 수 있을 것이라는 사회적 의미에 대한 평가도 컸다."고 생각한다. 대부분 양육자는 맨땅에 헤딩하듯 육아를 시작한다. 이들이 '알잠'을 만나면서 육아의 질이 달라졌다는 이야기를 듣고 싶다는 포부도 잊지 않는다. "더 많은 양육자에게 도움을 주기 위해 디닷케어는 대중화된 서비스로 누구나 쉽게 접근할 수 있는 전 세계 육아의 기준선이 되고 싶다."고 말한다.

디닷케어는 '소통'과 '책임감'을 리더십의 핵심 가치로 삼는다. 모든 팀원이 자율성을 가지고 일할 수 있도록 장려하면서도, 각자의 책임을 명확히 설정해 성과 중심의 자율 조직을 운영한다. 채용 시 가장 중요하게 보는 것은 '문제해결 능력'과 '팀워크'. 단순히 능력 있는 사람이 아니라, 비전을 공유하고 함께 문제를 풀어갈 사람을 찾는 데 집중한다. 좋은 팀이란 서로를 신뢰하고, 자신의 전문성을 발휘하면서도 공동의 목표를 향해 나아갈 수 있는 조직이라는 철학이 그 중심에 있다.

알잠닥터 허수진 대표가 알려주는 창업 성공 팁

시장의 소리를 놓치지 마세요.
처음부터 완벽한 서비스는 없습니다. 고객이 원하는 것, 시장의 흐름에 귀를 기울여야 합니다. 내가 만들고 싶은 제품보다, 고객이 진짜 필요로 하는 것을 찾아야 합니다.

데이터 기반 실행력을 갖추세요.
아이디어만으로는 부족합니다. 빠르게 실험하고, 피드백을 반영하고, 개선하는 실행력이 더 필요합니다.

끈기가 창업가의 기본 덕목입니다.
창업은 순탄치 않은 길입니다. 포기하고 싶을 때, 끝까지 버티고 개선하는 사람만이 살아남습니다.

철저하게 고객이 원하는 제품으로 성공하기
중장년 소셜 플랫폼 '오이'

스페인어인 '비바라비다'는 '인생이여! 만세!'란 의미다. 이런 의미를 살려 개발한 '오이oe-app.com'는 '오늘부터 이팔청춘'의 줄임말이다. 국내 유일의 중장년층을 주력 고객으로 선정한 여가 활동 소셜 플랫폼으로, 중장년층이라면 누구나 무료로 앱을 내려받아 사용할 수 있다. 자신이 좋아하는 취미를 다양한 사람들과 나눌 수 있고, 혼자서도 떠날 수 있는 여행 프로그램들도 다양하게 준비되어 있다.

오이는 5060이라는 명확한 타깃을 기반으로 한 소셜 플랫폼이다. '오이' 마석완 대표는 실제 타깃이 되는 5060세대가 불편해하는 소구점이 무엇일까 고민을 많이 했다. 이후, 그 소구점을 기반으로 온라인 마케팅을 진행했다. 비슷한 문제를 가지고 있던 유저들이 하나둘 모이고, 그 유저들에게 끊임없이 피드백을 받아 지금까지 조금씩 성장해왔다.

'오이'는 중장년들만의 커뮤니티여서 그다지 어렵지 않게 기존 회원들과 융화되는 특징이 있다. 선뜻 낯선 모임에 가입하기 어려워하는 회원들이 만날 수 있도록 다양한 기능들이 만들어져 있고, 서로의 신뢰도를 체크할 수 있는 기능 또한 만들어져 있어 같은 취미를 가진 유저들이 '오이'를 통해 오프라인에서 만나고 있다.

지금의 중장년층들은 대한민국을 개발도상국에서 선진국 반열에 올려놓았으며 아마도 치열한 경쟁 속에서 숨 돌릴 틈 없이 열심히 달려왔다. 이제 아이들도 다 분가하고, 여유가 생겨 자신을 돌아보려 해도, 무엇을 어떻게 지내야 행복한지 모르는 경우가 많다. 마석완 대표의 부모 역시 딱 이런 경우였다. 부모님이 '이제는 자신을 위해 더 즐기시고, 더 행복했으면 좋겠다'라는 생각에서 중장년층을 위한 플랫폼을 만들게 되었다."는 게 창업 이유다.

많은 창업자가 창업 초기에 회계, 인사, 노무, 자금, 조직 강화가 가장 어려웠다고 이야기하곤 한다. 마 대표 역시 항상 힘들어하는 분야다. 다만, 하다 보니 알게 되는 것도 있고, 도움을 받을 수 있는 전문가들도 너무 많았다. 경영 전반이 어렵지만, 가장 힘든 것은 '두려움'과, '불안감' 이었다.
'이게 될까?', '이게 맞는 길일까?', 깜깜한 터널을 계속 걷는 기분이었다. 어느 쪽이 출구인지, 얼마나 가다 보면 빛이 나올지, 내가 지금 앞으로 가고 있는 건 맞는 건지…. 경영 이론을 가르쳐주는 사람은 있어도 마석완 대표 자신이 가고 있는 길에 대한 두려움과 이를 극복하는 방법을 가르쳐주는 사람은 없었다. '창업'이라는 건 없는 길을 개척해야 하는 지난한 길이니, 창업자의 두려움과 불안을 어찌 알아주고 대책을 세워줄 수 있겠는가. 물론 '괜찮다' '편하게 마음먹어라.' '일하다 보면 다 된다.'는 말은 잠깐의 위로가 되겠지만 그런 말은 잠시 잠깐의 위로일 뿐이다.

"중학교 때부터 세상에 좋은 영향을 미치고 싶다는 막연한 꿈을 꾸었습니다. IMF 때 집이 힘들어지고, 한 부모 가정에서 중학생이 되었던 그때, 막연하게 세상이 불공평하다고 느꼈습니다. 누구나 꿈을 꾼다면 도전은 해볼 수 있는 세상을 만들고 싶었고, 그 수단으로 창업을 꿈꿨습니다. 제가 생각하는 이상적인 회사를 만들어, 그러한 세상에 조금이라도 도움이 되고 싶었죠."

마석완 대표가 손발 걷어붙이고 창업에 나서겠다고 생각한 건 아주 오래전이다. 그가 학창 시절 막연하게 꿈꿨던 회사는 무역회사였다. 세상과 세상을 연결하는 징검다리 역할을 하는 상사맨과 무역회사에 매력을 느꼈다. 2005년 당시 중국을 상대로 한 무역이 대세로 떠오르고 있었고 그때부터 무역회사를 하겠다는 생각으로 중국어를 공부했다. 무역과 중국어를 전공한 후, 무역 관련 공사에 들어가 실무역량을 키우며 무역회사에 대한 꿈을 현실화하고자 노력했다.

하지만 처음 꿈을 그리기 시작했던 2005년 대비 세상은 너무 많이 변해있었다. 인터넷의 비약적인 발전으로 나라 간 정보가 매우 투명해졌고, 세상을 연결하는 징검다리 역할을 더 이상 무역회사가 아닌 플랫폼 회사들이 수행하는 지경이었다. 마음에서 무역회사를 접은 마석완 대표의 첫 창업 아이템은 여성 의류 수출플랫폼이었다. 하지만 그의 첫사업은 무참히 무너졌다.

사업을 하면서 맨땅에 헤딩하는 것은 자신 있었으나, 헤딩조차 할 수 없는 상황이라는 걸 1년 정도 지난 다음 알게 됐다. '사업은 머리로만 하는 게 아니구나' 하고 뼈저리게 느꼈던 첫 사례다. 첫 번째 아이템에 실패하면서 가장 크게 깨달았던 것은 "철저하게 '고객'이 원하는 제품을 만들어야 한다."는 깨달음이다.

마석완 대표는 향후 중장년층의 여가활동 문제를 넘어, 국가적 문제로 대두되는 초고령화 문제를 '오이'를 통해 유연하게 해결한다는 목표를 가지고 있다. 은퇴 이후의 재교육, 재취업 문제도 '오이'가 풀어가고자 하는 문제라 밝힌다. 마석완 대표는 5년 이내 다운로드 수 1,000만 회를 돌파하는 국내 최대의 중장년 소셜 플랫폼으로 자리 잡는 것을 목표로 하고 있다.

젊은 층의 전유물로만 여겨졌던 온라인 커뮤니티에 새로운 바람이 불고 있다. 향후 급속도로 늘어나는 중장년층 인구 분포를 고려하면 절대 만만치 않은 규모의 시장이 형성될 것으로 예상된다.

마석완 대표가 '오이' 플랫폼 구축에 가장 중요하게 여기는 것은 실제 사용자 후기다. 그렇다고 모든 후기를 중요하게 여기지는 않는다. 지인이나, 플랫폼의 목적과 방향, 차별성을 이론적으로 알고 있는 사람에게 받는 후기는 중요하지 않다. '자연스럽게 확보된, 나와 일면식이 없는, 그리고 냉정하게 말해줄 수 있는' 후기가 중요하다. 긍정적인 답변을 끌어낼 수 있는 환경에서의 후기만 접하다 보면 오히려 잘못된 전략을 세울 수 있다.

후기는 데이터이기도 한데, 데이터는 거짓말을 하지 않는다. 하지만 데이터를 분석하는 창업자는 거짓말을 원할 수 있다. 편향된 데이터 분석 역시 편향된 실제 사용자 후기처럼 잘못된 전략으로 이어질 수 있다. 데이터 분석이 중요한 이유를 생존자 편향Survivorship Bias 예시로 살펴보면 참 놀라운 결과를 얻을 수 있다.

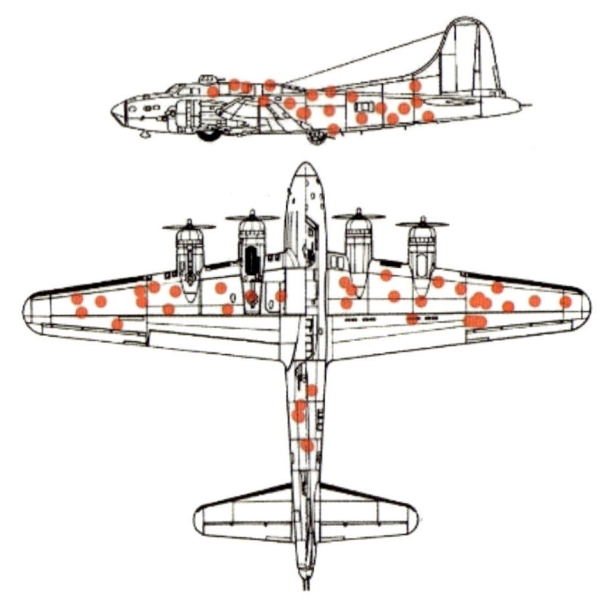

많은 날개 부분에 장갑판을 덧대어 생존력을 극대화해야 한다고 말했다. 데이터는 거짓말을 하지 않지만, 이 판단에는 오류가 있었다. 해당 데이터들은 '생존해 온' 전투기의 총탄 자국이라는 것이다. 오히려 조종석과 엔진에 총탄 자국이 없다는 것은, 가장 취약하여 '생존해올 확률'이 제로에 가깝기 때문이었다.

　마석완 대표는 이 사례를 통해 "데이터는 객관적인 피드백을 받음에 있어 중요한 요소이나, 이처럼 비즈니스에 대한 이해 없이 데이터만 보고 판단한다면, 주관적인 해석을 하게 되고, 전혀 다른 결론을 도출할 수 있는 위험성이 있다."고 경고한다. 데이터를 해석함에 있어서는 비즈니스에 대한 이해, 적절한 경험, 통찰력, 사고력이 동반되어야 한다. 마석완 대표는 아이디어를 구체화하는 과정에서 가장 중요한 요소는 빠른 실행력이라고 단정한다. 아무리 완벽히 준비하더라도 실패를 경험하지 않을 수는 없다. 어쩌면 창업은 실패의 연속이라는 걸 계속 배우는 과정이기도 하다. 첫 아이템인 수출플랫폼을 운영할 때 실패하지 않게 최대한 완벽히 준비했다. 참 안타깝게도 마석완 대표는 그 완벽한 준비가 "결론적으로 그게 가장 큰 실패의 원인이 되었던 것 같다."고 말한다. 이런 이유로 지금은 빠른 실행과 피드백을 통한 개선 방식을 중요하게 생각하고 있는 듯하다. 어차피 완벽할 수 없다는 것을 인정하고, 빠르게 실행한 뒤 피드백을 받아 조금씩 개선해 나가는 방식으로 조금씩 완벽해지려고 노력하는 것이다.

마석완 대표는 제작과 마케팅 두 마리 토끼를 다 잡아야 고객을 확보할 수 있다고 생각한다. 다만, 두 사항이 같은 속도로 성장해야 한다. 완벽한 플랫폼 제작을 위해 많은 시간을 들이더라도, 마케팅이 부족하면 이 세상에 이렇게 좋은 플랫폼이 있는지 아는 사람이 많지 않다. 반면에 마케팅은 완벽하지만 플랫폼이 엉성하면 재구매율, 재방문율이 낮아 고객을 잡을 수 없다. 둘 중 하나도 완벽할 수 없다면 어떡해야 할까? 마석완 대표는 "두 마리 토끼를 조금씩 같이 성장시키는 방식으로 나아가는 것이 유리하다."고 말한다. 천천히 가도 된다는 말이다.

회사를 운영하면서 가장 중요하게 생각하는 리더십 원칙으로 마석완 대표는 소통을 꼽는다. 결국 사람이 하는 일이기 때문이다. 또한 어떤 문제가 발생했을 때 왜 문제가 발생했으며, 어떻게 해결해야 하고, 무엇을 시도해 볼 것인가 같은 질문에 대한 해답은 다양한 형태의 소통이 원활히 이뤄지지 않는다면 결코 찾을 수 없다.

마석완 대표가 직원 채용 시 가장 중요하게 고려하는 요소는 능력과 성향이다. 능력은 마석완 대표 본인이 부족한 부분에서 "훨씬 더 뛰어난 사람을 모셔야 회사가 성장할 수 있다는 경험을 많이 하게 되었다."

고 말한다. 성향은 팀의 성격, 회사의 크기에 따라 달라진다. 갖춰진 시스템에서 맞춰진 업무를 잘하는 사람, 항상 시스템을 개선하고 싶어 하는 사람, 새로운 것을 도전하기 좋아하지만 맞춰진 루틴에는 지겨움을 느끼는 사람 등 다양한 사람들이 모여 회사를 이뤄낸다고.

'오이' 마석완 대표가 알려주는 창업 성공 팁

회사 규모에 맞는 사람을 선택하라.
초창기 스타트업에서는 새로운 시도의 연속이고, 갖춰진 시스템도 거의 없는 경우들이 많다. 새로운 것을 시도하고, 문제해결을 위해 주도적으로 일할 수 있는 사람이 초창기에는 맞는 성향이라고 생각하며, 이후 시스템이 갖춰지고 정해진 시스템 안에서 더 나은 성과를 만들어내길 좋아하는 성향의 분들을 모시고자 노력한다.

직감을 믿어라.
위기 속에서 올바른 결정을 내리기 위한 기준은 아이러니하게도 직감인 듯하다. 대부분의 위기에는 시간이 가장 중요한 경우가 많다. 여유가 있는 평소에는 모든 것을 살피겠지만, 위기라는 것은 한순간에 다가오기에 직감에 의존하여, 시간에 의한 문제가 없도록 빠른 판단을 내려야 한다. 하지만, 직감은 짧은 시간 속에 내린 결정이고 판단이겠지만, 그간의 경험과 자신이 생각하는 가치 등을 고려한 최종결과물이지 않을까 싶다. 위대한 예술가가 10분 만에 만들어낸 작품은 단순 '10분'이라는 작업 시간이 아닌 그 작품을 만들어내기 위한 수십 년간의 고민이 쌓여있는 결과물일 것이다.

절대 하면 안 되는 실수
불법적인 사항을 제외하고는 오히려 뭐든지 해보라고 권하고 싶다. 그나마 조심해야 하는 것은 자금 문제인 듯하다. 자금적인 측면에서 정답은 없겠지만, 이 부분에 있어서는 혹시 모를 상황까지 잘 대비하는 것이 중요하다.

창업을 준비하는 사람들에게 꼭 해주고 싶은 조언

창업의 길은 힘든 길이지만, 내가 생각하는 가치를 자발적으로 실현해나간다는 것은 의미 깊은 일이다. 내 삶의 지향점이 어디냐에 따라 모두가 정답은 다르겠지만, 세상을 내가 조금이라도 더 낫게 바꾸고 싶다면 창업도 좋은 선택지다. 다만, 아이템에 대해서는 빠른 실행력을 갖되, 창업의 이유에 대해서는 깊게 고민해야 한다. 단순히 멋있어 보여서, 취업이 힘들어서, 아이디어가 좋아서와 같은 이유라면 더 심사숙고해야 한다. 그 이유가 사라지면 포기를 하게 된다. 멋있어 보이던 일이 시궁창을 헤매고 있는 느낌이 들거나, 취업보다 창업이 돈을 못 벌게 된다는 것을 알게 되거나, 세상이 바뀌면서 더 이상 좋은 아이디어가 아닌 것처럼 보이면 사업을 계속해야 할 이유를 찾기 힘들다.

부자지간의 기술 결합으로 만든 사료
기후와 식량 문제 극복 '앤텍바이오에스'

앤텍바이오에스 김의철 대표의 부친은 50년을 사료업계에서 일한 장인이다. 오랜 시간 열성을 가지고 좋은 사료를 만들기 위해서 많은 연구와 노력을 해왔다. 반면에 김의철 대표는 반도체 디스플레이 공정장비 쪽에서 일하면서 다양한 설비와 공정개발, 자동화 등 다양한 기술개발과 국내외 비즈니스에 경험을 쌓아왔다. 김 대표의 아버지는 본인의 사료 제조 노하우와, 김 대표가 경험한 다양한 설비개발 기술을 활용한다면 좋은 사료를 만들 수 있다는 말을 자주 했다. 두 사람은 최근 쟁점이 되는 기후변화, 식량안보 문제, 높은 사료 비용 문제를 해결하지 못하는 농축산업의 문제점에 관해 많은 이야기를 나누었다. 그 결과가 농축산업 문제를 근본적으로 해결할 수 있는 회사 창업으로 나타났다.

창업 초기 가장 힘들었던 부분은 비전문 분야에 뛰어들었다는 부담감이었다. 인력과 인프라가 충분하지 않은 조건에서, 전문 분야가 아닌 다양한 업무를 해야 한다는 부담이 컸다. 그건 스트레스였다. 모든 스타트업 대표들이 겪고 있는 일이겠지만 일 당 백이라는 단어가 어울릴 정도로 일했다. 투자 유치, 인허가, 대관업무, 설비개발, 토목 및 시설공사, 지원사업, HR, 재무회계, 리스크 관리…. 지금 생각하면 '그걸 다 어떻게 했지?' 싶을 정도로 매일매일 발생하는 문제들을 가장 효율적으로 해결하는데 고민하고, 노력했다. 그런 과정을 통해서 배우고, 성장하면서, 농축산업이라는 트렌드를 쫓지 않는 산업에서, 아무도 도전하지 않는 가축 사료 분야에서 독보적인 기업으로 성장 중이다.

사업 아이디어를 구체화하는 과정에서 가장 중요했던 요소는 현장 경험과 자금이었다. 제조업 베이스의 스타트업, 특히 사료 아이템은 대규모 공장과 제조시스템이 완성되어야 매출이 발생할 수 있는 구조다. 초기 투자 자금이 매우 큰, 다시 말해 데스밸리가 초기에 있다 보니, 기술력을 통한 자금 확보가 매우 중요했다.

자체 생각과 판단이 아닌, 실제 농가 현장에서 겪고 있는 어려움과 문제점을 파악하고, 고객의 니즈 반영도 중요한 일이었다. 이를 고려해 가장 핵심적인 부분만을 도출하여 설계하고, 테스트 단계부터 직접 급여를 통해 기호성과 안전성을 농가와 같이 확인했다. 이를 통해서 자연스럽게 제품 신뢰를 구축하고, 마우스 투 마우스 영업의 가능성을 확인했다.

투자금은 농축산업에 그리 많이 몰리지 않는다. 창업 초기 지인 소개로 전문 기관 투자자들을 만날 기회가 몇 번 있었으나, 농축산 및 사료 아이템은 매우 홀대받는 아이템이었다. 투자자의 관심도가 매우 낮은 산업이어서, 초기 기술만 가지고 투자를 받는 게 생각보다 어려웠다. 시간이 오래 걸릴 것처럼 보였다. 그래서 농축산 관련 지원사업과 창업대회를 신청해 회사와 아이템에 대한 신뢰도를 높이는 데 노력했다. 그때마다 좋은 성적을 거두었다. 이를 계기로, 개인투자자를 통해,

시드 규모에서는 제법 큰 좋은 조건의 투자를 유치할 수 있었다. 또한 대외활동을 통한 기술적 신뢰도를 통해서 금융권을 통한 자금을 받을 수 있어서, 자동화 공장을 건설할 수 있었다.

처음 고객을 확보하기 위해 초기 기술 및 제품 설명회를 진행할 때, 테스트 농장들이 앤텍바이오에스 고객이 되었고, 축산 쪽 롤모델 농장이라고 할 수 있는 대기업과 농가, 조합과의 구매협약을 통해서 다른 고객들이 찾아오고 따라오게 만드는 전략을 사용했다. 이런 전략은 예상보다 효과가 컸다.

제품/서비스를 시장에 맞게 조정하는 과정에서 앤텍바이오에스는 축산농가의 현실을 파악하는 데서 공략점을 찾았다. 사료는 가축이 먹는 음식이기 때문에 시장의 니즈는 매우 단순했지만, 그걸 만들기가 불가능하다고 여겨지는 구조였다. 가축이 잘 먹고, 건강하고 빠르게 성장할 수 있는 사료는 질 좋고 비싼 원료를 쓰면 충분히 만들 수 있다. 하지만 사료 가격은 아주 비싸진다. 결국은 농가가 돈을 벌 수 있어야 고객이 되고, 고객이 살아남아야 엔텍바이오에스의 비즈니스도 성공할 수 있다고 판단했다. 그래서 김의철 대표는 축산농가의 수익 구조를 파악하고 그 과정에서 다양한 변수에서도 고객이 마이너스가 나지 않는 구조에 제품을 지속해서 개발하기 위해 노력하고 있다.

회사를 운영하면서 리더는 팀원들에게 회사 및 업무의 방향성을 정확하게 인지시키고 그 범위 안에서 직원들의 다양성(아이디어, 업무처리 방식)을 존중하고, 업무에 책임감을 키우는 방향으로 노력해야 한다는 게 김의철 대표의 리더십론이다. 객관적인 자세도 중요한데, 특히 인사관리에서만큼은 감정에 치우치지 않고, 기준과 시스템에 맞추어

처리해왔다고 한다.

어려운 일이지만 회사를 키우려면 업무에 대하여 직원의 다양한 아이디어와 생각을 존중하고, 직원이 개인 또는 팀 단위로 회사에 이바지하는 부분에 정당한 대가를 지불하고 보상해야 한다는 게 김의철 대표의 생각이다. 조직 문화를 형성하려면 존중, 자율성, 책임감, 정당한 보상, 각자의 영역에서의 평등한 기회가 형성되어야 한다는 말이다.

사업을 하면서 위기는 개인적인, 사회적인 파장으로만 생기는 게 아니다. 자연재해도 위기가 될 수 있다. 2024년 홍수로 회사에도 피해가 있었다. 지난 100년간 홍수가 없던 지역이었기에 대비할 수 없었다. 예측하지 못했던 리스크였다. 유비무환이라는 말처럼 위험은 모든 상황을 열어놓고 대비해야 한다.
김의철 대표는 위기 속에서 결정의 기준을 가장 전문성을 가졌다고 판단되는 팀원을 대상으로 삼는다. 크게는 경영진의 의견을, 세밀하게는 각 직원의 의견을 최대한 반영하여 판단하고, 확신이 들었을 때 결정하면 실수를 줄일 수 있다는 것이다.

사업체를 경영하다 보면 실제 발생하는 일들과 예상했던 일들에는 반드시 많은 차이가 발생한다. 그럴 때 모든 일에 진지할 필요는 없다는 게 김의철 대표의 조언이다. "행동하기 전에 너무 많이 고민하지 말고, 꼭 필요한 일이라고 판단했다면 우선 진행하고 그 과정에서 현명하게 대처하라."는 것이다. 왜? 우리가 하는 고민 중에는 불필요한 고민도 많기 때문이다.
앤텍바이오에스는 농축산업의 가장 근본적인 문제를 해결하면서, 기후 문제와 식량문제를 동시에 해결할 수 있는 공익적 가치를 추구할 수 있는 지속가능한 기업으로 방향을 정하고 계속 발전 중이다. 그리하여 바이오매스와 소가 있는 전 세계 어디에서나 사업을 할 수 있는 글로벌 기업으로 성장하겠다는 목표도 상정해두고 있다.

앤텍바이오에스 김의철 대표가 알려주는 창업 성공 팁

1. 고민하지 않고 도전하고.

2. 실패에 대한 두려움이 적고, 그것은 해결해나가야 하는 일이라고 생각하고.

3. 서로가 도움이 되고 위안이 되었던 팀원

4. 스타트업이지만 20대부터 70대까지 형성되어 있는 팀원 간에 도전과 경험이 잘 어우러져야 한다.

5. 내가 확신하는 아이템이 있다면, 여러 번의 다양한 실패를 경험하지만, 끝까지 버티라고 하고 싶다. 실패는 성공의 필수 과정이다.

감자칩을 대신할 '부각계의 프링글스'를 꿈꾸며 싱글맘이 창업한 부각가

부각은 우리나라 전통음식이다. '찹쌀풀을 바르고 말린 뒤에 기름에 튀긴 음식'이거나, '다시마에 잡쌀풀을 바르고 말린 뒤에 기름에 튀긴 음식'을 부각이라고 한다. 그러니까 김부각은 '찹쌀풀을 바르고 말린 뒤에 기름에 튀긴 김'이다. 부각가 노지현 대표는 전 국민 생활 간식으로 김부각을 '부각'하고 있는 맹렬 여성이다.

2015년, 미술을 전공한 아이 엄마였던 노지현 대표는 다섯 살 아이가 김부각을 맛있게 먹는 모습을 보고 "이렇게 맛있는 걸 왜 아무도 제대로 만들지 않을까?" 하는 궁금증이 생겼다. 그때부터였다. 노지현 대표는 잊혀가던 전통 먹거리를 다시 살려야겠다고 생각했다. 그 생각 끝에 까다로운 30대 엄마들도 '간편하게', 즐길 수 있는 저염식 '한입부각'을 만들었다. 반찬이던 부각을 간식으로 바꾸고, 그들의 입맛과 라이프 스타일에 맞게 재탄생시켰다.

처음엔 제품을 팔기보다 '이렇게 맛있는 우리 먹거리가 있다'는 걸 알리고 싶었다. 그런데 반응이 폭발적이었다. "이거 어디서 팔아요?" "정식으로 판매 안 하세요?" 이런 질문들을 받으면서, 진짜 사업을 결심하게 됐다.

"사실 처음엔요…, 매달 100만 원만 벌어도 정말 기뻤어요. 돈을 벌었다는 사실만으로도 심장이 뛰었죠."

자본금은 많지 않았다. 2~3천만 원 정도? 하지만 노지현 대표에게는 실행력이 있었다. 제품 만들고, 반응 살피고, 웹사이트 만들고…, 점차 하나씩 만들어 가면서 운명처럼 1913 송정역시장 청년상인에 입점하는 기회가 생겼다. 그때부터 매출도 쑥쑥 오르기 시작했다.

사업 초기 매출은 많지 않았다. 그 시기를 버틸 수 있었던 건 소상공인진흥공단의 정책자금, 전 남편의 퇴직금, 그리고 전 시부모의 도움이 있었기 때문이다. 무엇보다, 사업 초기 당시에는 매출이 부족해 몸으로 버티는 수밖에 없었다. 회사 운영도, 생산도 직접 다 했고, 소비도 최소화하면서 살았다.

노지현 대표에게 중요한 건 매출보다 '성장'이었다. 브랜드 슬로건도 '시작부터 성장합니다'였다. 오늘보다 내일 더 나아질 수 있다는 믿음, 그리고 프랜차이즈처럼 찍어내는 방식이 아니라, 하나하나 손으로 직접 만들어 가는 과정이 의미 있었다. 그게 노 대표를 버티게 했고, 결국 지금까지 이끌어준 힘이었다.

노지현 대표에게도 사업을 하면서 위기와 시행착오는 늘 있었다. 매출이 갑자기 늘어났을 때, 그 주문을 감당할 시스템이나 생산 능력이 충분히 갖춰져 있지 않았다. 수많은 주문을 며칠씩 밤새워 만들어 보내면서, 본격적인 운영 역량을 정비했다. 원재료 수급에 문제가 생겨 몇 천 만 원 어치 제품을 전량 폐기한 적도 있었다. 품질에 있어서 만큼은 절대 양보하지 않는다는 원칙을 지키고 싶었기 때문이다.

매출보다 더 힘들었던 건, 믿고 함께했던 사람에게 배신당한 경험이었다.

직접 세운 회사를 어느 시점부터 강제로 운영할 수 없게 되었고, 그로 인해 아이들을 키워야 하는데 차도 빼앗기고, 수입이 끊기고, 여러 소송을 하며 생활비조차 막막한 시기를 겪어야 했다. 감정적으로도, 경제적으로도 가장 힘들었던 순간이었다.

원치 않는 외부 변화는 늘 예고 없이 찾아온다. 자영업자들에게는 코로나가 대표적인 경우다. 코로나는 그야말로 '무조건 버티는 시간' 이었다. 마침 둘째 아이를 출산하면서 잠시 일을 쉬는 시기이기도 했는데, 그 사이 매출은 급감했고, 앞날은 너무나 불확실했다. 하지만 멈춰 있는 동안에도 스스로를 다잡았고, 코로나가 끝나갈 무렵엔 매장을 과감히 전체 리뉴얼하며 방향을 전환했다. 원하지 않던 상황이었지만, 오히려 노지헌 대표에겐 '피빗'의 기회가 되있던 셈이다.

시련이 올 때마다 노 대표를 붙잡았던 건 도움을 주는 지인들, 그리고 공부와 운동이었다. 그때 절실히 깨달았다. "돈으로 해결할 수 없는 일이 진짜 힘든 일이다." "실리콘밸리에서는 한 번도 실패하지 않는 창업자에게는 투자하지 않는다."는 말을 가슴에 새겼다. 그 이후로는 어떤 상황에서도 흔들리지 않는 내공이 생겼고, 다시 시작할 수 있는 힘은 결국 스스로에게서 나온다는 걸 알게 되었다.

노지헌 대표는 사업을 더 잘하고 싶다는 마음으로 디자인 경영 대학원에 다녔다. 광주와 서울을 오가며 디자인적 사고와 브랜드 운영 역량을 쌓아가고 있다. 맛과 품질은 이제 기본이다. 이제는 디자인, 감성, 경험까지 함께 만들어야 진짜 브랜드가 된다. '따라가는 브랜드'가 아니라, '먼저 보여주는 브랜드'를 꿈꾸고, 좋은 음식 하나로 좋은 인상을 남기는 것. 그게 노지헌 대표가 하고 싶은 일이다.

노지현 대표는 '고객 피드백 중독자'다. 매장에 오는 고객들의 반응 하나하나를 유심히 살펴보고, 직접 이야기를 듣는다. 때로는 셰프나 지역 장인들과 협업하고, 식품대물림연구회에 참석해 부각의 새로운 기준, 정석을 만들기 위해 끊임없이 배우고 고민했다. 결국 정답은 늘 고객에게 있었다. 노지현 대표 혼자만의 감으로는 절대 한계가 있었다. 노지현 대표는 명품엔 관심 없지만, 먹는 것에는 유독 예민한 편이다. 좋은 먹거리를 만들려면, 좋은 것을 많이 경험해봐야 한다고 믿는다. 그게 노지현 대표의 평생 철학이다.

시장 한복판에서 김부각을 팔고 있지만, 매장에 오는 고객들은 이렇게 말한다. "어? 여긴 시장인데 뭔가 다르다." 부각가만의 '부각스러움'이 있는 것이다. 이러니 마케팅을 따로 하지 않아도 한 번 단골은 끝까지 단골이 되었다.

부각가 노지현 대표는 억지로 구매를 권유하지 않는다, 대신에 부각을 직접 맛본 뒤 자연스럽게 구매할 수 있도록 매장 분위기를 편안하게 만들었다. 사실 부각이 요즘 소비자들에겐 생소한 음식이기도 하다. 그래서 수제 식혜나 미숫가루, 직접 삶은 팥으로 만든 전통 팥빙수처럼 부각이랑 잘 어울리는 음료도 함께 판매하고 있다. 이런 구성 덕분에 고객들이 부각을 더 가볍고 친근하게 접할 수 있고, 부각과 음료가 함께 시너지를 내며 젊은 세대들도 부각가매장이 전통음식을 즐길 수 있는 공간이라는 점도 자연스럽게 전달되고 있다.

요즘 트렌드나 고객들 입맛에 맞게 메뉴 개발도 하고 있다. 특히 안유성 명장과 함께 김부각을 요리로 다양하게 즐기는 방법을 연구하고 있다. 또 부각가가 2024년부터 정부의 '강한소상공인' 사업에 선정되어 '글로벌 진출을 위한 김부각의 혁신적 변모'라는 과제를 통해 해외 시장에 맞는 제품 개발도 함께 진행 중이다.

처음에 노지현 대표는 다양한 부각을 만들어보려고 시도했지만, 김부각 하나만으로도 제대로 만들기 어렵다는 걸 깨달았다. 그래서 김부각 하나에 집중하며 품질을 높였고, 단일 제품으로도 연 매출 10억 원 이상을 달성한 경험이 있다. 최근에는 전통식품 명인들과 협업하여 연근, 우엉, 다시마 부각도 함께 선보이고 있으며, 이 제품들을 '부각 어울림 세트'로 구성해 판매하고 있다.

부각가는 김부각으로 비교적 빠르게 시장에 진입해 창업 초기부터 꾸준히 성장세를 이어왔다. 특히 미식 프로그램에 소개되며 큰 반응을 얻었고, 가수 화사가 방송에서 부각을 언급하면서 이른바 '화사의 부각' 효과도 크게 작용했다. 2015년부터 2020년까지는 매년 성장을 이어갔고, 2019년에는 제조법인 매출이 약 10억 원 정도까지 올라갔다.

하지만 이후 개인 사정으로 법인을 넘기게 되면서, 매출에도 큰 영향을 받았다. 매장 매출은 2019년 약 4억 2천만 원에서 2023년엔 2억 1천만 원으로 하락했다. 2024년에는 다시 회복세를 보이며 전년 대비 64% 성장, 약 3억 4천만 원을 기록했다. 2025년 목표는 11억 2천만 원이지만, 현실적인 예상 매출은 8억에서 9억 원 사이로 보고 있다.

부각가 팀원들은 대부분 노지현 대표의 이모, 어머님 같은 사람들이다. 일을 단순한 생계의 수단으로만 여기기보다는, 오히려 취미처럼 즐겁게 일하고, 삶의 활력으로 삼고 있다. 현재 부각가 생산 파트는 모두 50대에서 60대 중후반의 여성들이다. 시장 근처에 거주하며, 거의 1년 가까이 부각가와 함께한 사람들이다. 그들은 단순히 일만 하는 것이 아니라, '정말 도와줘야지' 하는 마음으로 진심을 다해 함께해주는,

참 든든한 사람들이다. 매장 운영은 2명의 팀원이 맡고 있다. 한 직원은 벌써 2년째 함께하고 있는 정직원이다. 고객들 사이에선 "사장님 아니세요?"라는 말이 나올 정도로 책임감 있는 팀원이다.

노지현 대표가 회사를 운영하면서 가장 중요하게 여겨온 가치는 '여성의 성장'이다. 노 대표는 창업 전, 광주여성재단에서 주최한 '여성친화도시 아이디어 경진대회'에서 대상을 받았던 경험도 있는데, 그때부터 일과 가정이 공존할 수 있는 환경을 어떻게 만들 수 있을지에 대한 고민을 계속해왔다.
실제 노 대표 역시, 경력 단절이 되기도 전에 경력조차도 없었던 여성이었다. 그래서 노지현 대표에게 '일'이란 단순히 돈을 버는 수단이 아니라, 내가 좋아하는 일을 하며 나 자신을 성장시키는 과정이라고 생각한다.
노지현 대표는 인턴을 뽑고, 같이 일하면서 인턴들에게 '좋아하는 것'과 '잘하는 것'을 적어오라고 한다. 그 내용과 회사에 필요한 것이 무엇이 있는지 보고 그 업무를 과제로 준다. 그렇게 했을 때 가장 성과가 좋았다.

고마운 직원들을 위한 노지현 대표만의 서비스도 있다. 노지현 대표는 직접 음식을 만들어 직원들과 함께 먹는다. 노지현 대표가 만들어주는 샐러드를 직원이 인스타에 올리기도 하고, 친구들에게 자랑도 하는데, 그런 모습이 노 대표에게도 큰 기쁨이다. 노지현 대표에게 들어오는 선물도 혼자 쓰기보다는 직원과 꼭 나눈다. 직원이 노지현 대표에게 권유해서 같이 러닝도 한다. 얼마 전엔 7km를 같이 뛰기도 했다. 뭐든지 잘 퍼줘서 남들에게는 '국민 호구'라고 불릴 정도다. 첫 연애를 하다가 남자친구와 헤어진 직원에게는 가장 비싼 음식과 와인을 사주기도 했다.

부각가

노지현 대표에게 중요한 건 매출보다 '성장'이었다. 브랜드 슬로건도 '시작부터 성장합니다'
였다. 오늘보다 내일 더 나아질 수 있다는 믿음, 그리고 프랜차이즈처럼 찍어내는 방식이
아니라, 하나하나 손으로 직접 만들어 가는 과정이 의미 있었다.

노지현 대표는 싱글맘이다. 싱글맘이어서 힘든 순간도 많았지만, 그 시간이 지금의 '노지현'을 만들었고 아이들도 건강하고 밝게 자라주었다고 말한다. 오히려 아이가 "우리 엄마는 싱글맘이지만, 30대에 어려움을 딛고 성공한 엄마"라고 자랑스럽게 말해준다고 한다. 그 말 한마디에 다시 용기가 생긴다고.

법률 소송을 도와주던 변호사가 한 말이 노지현 대표의 기억에 뚜렷이 남아있다.

"이혼 후 사회적·경제적 회복까지는 보통 5년이 걸린다."

그 말 그대로였고, 처음엔 억울하고 막막했지만, 지금은 후회 없이 최선을 다했고, '노지현'의 가치를 실현하며 살고 있다고 한다. 노지현 대표의 감사함과 행복은, 아마도 어려움을 딛고 일어선 사람만이 느낄 수 있는 감정일 것이다.

노지현 대표는 감자칩을 대신할 수 있는 '부각계의 프링글스'를 만들고 싶은 꿈을 꾸고 있다. 앞으로는 온라인 브랜드 경험 강화, 비건 부각 및 특허 기반의 신제품 개발, 그리고 제조공장 구축과 함께 글로벌 전통식품 브랜드로 도약하겠다는 각오도 하고 있다. 전통을 잇는다는 것, 그건 단지 음식을 만드는 일이 아니라 사람과 삶을 이어가는 방식이리라.

독기 품은 성공 비법

1. **'빠르게'보다 '느리게' 가라!**
사업 초기, 원재료를 보는 안목이 부족해 시행착오가 많았다. 원재료 김을 최상급으로 수천만 원을 들여 조달했지만, 안 좋은 재료가 섞여 있는 경우가 많았기 때문이었다. 좋은 김과 좋은 쌀을 사용해 일일이 직접 풀칠해 김부각을 만드는 작업을 고집스럽게 지키고 있다.

---

2. **발로 뛰면 '진짜'를 얻는다!**
직접 생산사를 찾아야 더 좋은 재료를 얻을 수 있기에 다른 곳의 김보다 더 뭉근한 단맛을 낸다는 완도 근처의 소안도나 장흥 무산 등을 찾아 주문한다. 찹쌀도 여러 생산지의 찹쌀을 비교해 매번 고른다. 그런 노력 끝에 품질을 인정받아 호주, 미국 등 해외 수출도 활발히 하고 있다.

---

3. **고객이 직접 경험하게 하라!**
매장을 카페 형태로 운영하면서 부각과 함께 먹는 직접 끓인 팥으로 만든 옛날 팥빙수, 수제 식혜, 합성첨가물을 넣지 않은 건강한 음료, 핸드드립 커피 등을 판매하며 부각을 함께 홍보했다. 카페에 무료 부각 시식 공간을 만들어 부각을 먹은 손님들은 부각을 주문하는 단골이 됐고, 입소문을 타고 매출이 상승했다.

5부

기묘한 도시에서 배우는
지역의 살길

포틀랜드의 정책 혁신

기묘한 개성이 지역을 살린다

독특한 문화 속 라이프 스타일

'우리의 독특함을 잊지 말자! Keep Portland Weird!'라는 슬로건을 내세운 포틀랜드는 말 그대로 기묘하지만 멋진 곳이었다. 대형 가맹점보다 지역 상점과 독립 예술가들이 주도하는 경제, 친환경적인 라이프 스타일, 그리고 누구나 자유롭게 자신을 표현할 수 있는 분위기. 포틀랜드는 그런 곳이었다.

포틀랜드에서 깜짝 놀랄 정도로 눈에 띄는 곳은 세계 최대 독립서점인 Powell's City of Books. 건물 하나가 아니라 아예 한 블록을 차지할 정도의 규모다. 서점 마니아라면 이곳에서 온종일 시간을 보낼 수도 있을 듯하다.
책장 사이를 거닐다 보면 인기 도서부터 희귀본, 중고 책까지 한 공간에서 만날 수 있는 매력이 있다. 무엇보다 인상적이었던 것은 이곳이 단순한 서점이 아니라 지역 문화를 담고 있는 공간이라는 점이었다. 곳곳에서 작가 낭독회가 열리고, 벽에는 지역 예술가들의 작품이 전시되어 있었다. 우리나라 지방 도시에서도 독립서점을 단순한 책 판매 공간이 아니라 지역 커뮤니티와 결합한 문화공간으로 발전시켜야 한다. 요즘은 어느 지역이든지 유명 카페나 맛집이 있는 것처럼 각각의 동네에도 괜찮은 독립서점이 꼭 필요한 이유이다.

포틀랜드가 푸드트럭푸드카트 천국이라는 말을 듣고, 도심 한복판에 있는 Alder Street Food Cart Pod로 향했다. 한 블록 전체가 다양한 푸드트럭으로 가득 차 있었는데, 한곳에서 타이 음식, 인도 요리, 한국식 바비큐, 멕시칸 타코까지 세계 각국의 요리를 맛볼 수 있는 곳이었다. 특히 인상적이었던 점은 푸드트럭 문화가 단순한 길거리 음식이 아니라 지역 경제 활성화의 중요한 요소로 자리 잡았다는 것이다. 적은 자본으로 창업할 수 있어 많은 청년 창업자들이 도전하고 있었고, 무엇보다 신선한 재료와 창의적인 메뉴들이 넘쳐났다.

지역 경제와 어우러지는 지역의 다양함

도심을 거닐면서 가장 놀랐던 점은 자전거 도로가 도로의 한 부분처럼 자연스럽게 자리 잡고 있다는 것이었다. 자전거 전용 신호등이 따로 있을 정도로 자전거 친화적인 도시였다.

'바이크타운BIKETOWN'이라는 공유 자전거 시스템을 이용해 직접 타보니, 포틀랜드에서 자전거는 단순한 교통수단이 아니라 라이프 스타일의 일부라는 걸 실감했다. 이곳에서는 자전거를 타는 것이 단순히 환경을 위한 선택이 아니라, 가장 효율적이고 편리한 이동 방식이었다. 우리나라도 지방 도시마다 자전거 인프라를 확충하고, 공유 자전거

<u>기묘한 도시 '포틀랜드 상징 로고'</u>

'Keep Portland Weird!' 미국 포틀랜드시의 슬로건이다. 번역하자면, '우리의 독특함을 잊지 말자!'라는 뜻이다. 'Weird'는 '기이한' '기묘한'이라는 뜻도 있는데, 미국 포틀랜드시는 이 슬로건 아래 지역과 지역 주민이 상생하는 도시를 만들었다.

시스템을 활성화하여 조금 더 천천히 지역을 체험하며 즐길 수 있도록 하여 도시의 친환경성을 강조하는 슬로시티를 만들어 가는 게 어떨까?

주말이면 포틀랜드 강변에서 열리는 토요 장터 Saturday Market는 꼭 가봐야 하는 명소였다. 이곳에서는 수제 공예품, 직접 만든 비누, 지역 농산물 등을 판매하는 장인들을 만날 수 있었다.
무엇보다 인상적이었던 점은 이 시장이 대형 브랜드가 아닌 지역 예술가들과 소규모 창업자들을 중심으로 운영된다는 것. 거리 공연이 함께 어우러져 하나의 거대한 축제 같았다.
우리나라에서도 정기적으로 곳곳에서 다양한 형태로 수제 마켓이 열리고는 있지만 대부분이 지자체 등의 예산지원으로 열리는 행사성 마켓이 대부분이다. 그러다 보니 예산이 줄거나 지자체장이 바뀌거나 하는 변수가 생기면 바로 없어지고 만다.
지역 예술가를 위한 시장이나 로컬 푸드 마켓을 활성화하기 위해서는 비영리 기업들의 활약이 필수적이고 이들을 성장시키는 것 또한 지역에서 해야 할 일이라고 생각한다.

포틀랜드는 단순히 '기묘한 Weird'한 도시가 아니라, 주민들이 직접 만들어가는 도시였다. 대형 브랜드가 아니라 지역 소상공인과 창작자들, 자동차가 아니라 자전거와 도보 중심의 교통체계, 그리고 단순한 디자인이 아니라 공공 예술을 적극적으로 활용한 혁신적인 도시였다. 많은 것이 부럽기도 했던 포틀랜드에서 배운 것들은 '기묘함 Weird이 경쟁력이 될 수 있다'는 점이었다. 우리나라의 지방 도시들도 고유한 개성을 찾고, 주민들의 적극적인 참여와 활동으로 함께 만들어 가는 도시 개발을 한다면 더욱 매력적인 도시로 성장할 수 있을 것이다.

책을 매개로 사람을 만나는 파웰 서점

세계 최대 독립서점이 남긴 교훈

포틀랜드의 번사이드 거리를 따라 걷다 보면, 한 블록 전체를 차지하는 거대한 서점이 눈길을 끈다.

파웰 서점 Powell's City of Books은 단순한 독립서점이 아니라 하나의 도시처럼 느껴지는 공간이다. 세계에서 가장 큰 독립서점이라는 명성을 가진 이곳은 새 책과 중고 책이 함께 놓여 있으며, 한 번 들어가면 몇 시간이고 빠져들 수 있는 거대한 책의 미로와 같다.

서점에 들어서자마자 높은 책장들이 시선을 압도한다. 서점 내부는 여러 개의 방으로 나뉘어 있으며, 각각 문학, 예술, 과학, 요리, 만화 등 다양한 분야별 색깔로 구분되어 있다. 방문객들은 각자의 취향에 따라 자유롭게 책을 탐색하며 자신만의 독서 경험을 만들어 간다.

파웰 서점의 가장 큰 특징은 새 책과 중고 책을 함께 판매한다는 점이다. 한 권의 책을 펼치면 깨끗한 신간과 누군가의 손길이 닿은 중고 책이

나란히 놓여 있다. 오래된 책에서는 바랜 종이 색깔과 함께, 책이 지나온 시간의 흔적이 묻어난다. 이곳에서는 책이 단순한 소비재가 아니라, 시간과 이야기, 그리고 사람들을 연결하는 매개체로 존재한다.

서점 깊숙한 곳에는 희귀 서적Rare Book Room 판매대가 따로 마련되어 있다. 유리장 안에는 초판본과 절판된 책, 저자의 친필 서명이 담긴 한정판 서적들이 보관되어 있다. 이곳은 단순히 책을 판매하는 공간이 아니라, 책을 보존하고 기록하는 장소로서도 중요한 역할을 하고 있다.

사람과 사람을 연결하는 '작은 쪽지' 전략

파웰 서점에서 또 다른 특별한 점은 책마다 직원 추천 후기와 독자 리뷰가 적힌 작은 카드가 붙어 있다는 것이다. 책장 사이를 걷다 보면, 손으로 직접 쓴 작은 메모들이 책 사이에 꽂혀 있는 것을 볼 수 있다. 이 메모들은 단순한 홍보 문구가 아니라, 서점 직원들과 지역 독자들이 직접 읽고 감동한 책에 대한 솔직한 추천사다.

이러한 추천 방식이 효과적인 이유는 '작은 쪽지'가 단순한 마케팅이 아니라 사람과 사람을 연결하는 힘을 가지고 있기 때문이다. 무명 독자나 서점 직원이 남긴 한 줄 추천사는 또 다른 독자에게 깊은 공감을 불러일으킬 수 있다. "이 책을 읽고 삶을 돌아보게 되었다" 혹은 "이 소설의 마지막 장을 덮은 후 며칠 동안 생각이 떠나지 않았다" 같은 문장들은, 다른 독자들에게 강한 호기심과 기대감을 심어준다.

개인적인 추천이 주는 신뢰감도 크다. 온라인 서점의 알고리즘 추천과 달리, 실제 사람이 직접 읽고 느낀 감정이 담긴 추천사는 더 신뢰를 준다. 대형 서점의 상품 설명보다, 서점 직원이 진심을 담아 쓴 한 줄의 추천사가 더 강한 설득력이 있다.

'작은 쪽지' 덕분에 다양한 책을 발견할 기회도 있다. 베스트셀러 코너를 지나쳐 새로운 책을 찾고 싶을 때, 후기가 적힌 책들은 훌륭한 길잡이가 된다. 평소 관심 없던 장르의 책이라도, 한 줄 추천사가 마음을 흔들면 자연스럽게 손이 간다.
이러한 추천 후기는 단순한 판매 전략이 아니라, 책을 둘러싼 이야기와 감정을 공유하는 과정이다. 서점을 단순한 판매 공간이 아닌 책을 중심으로 한 커뮤니티 공간으로 만드는 역할을 한다.

문화 공유하는 동네 커뮤니티의 중심

파웰 서점이 단순한 책 판매 공간이 아닌 이유는 지역 커뮤니티의 중심 역할을 하고 있기 때문이다. 이곳에서는 정기적으로 저자 강연과 독서 모임이 열리며, 문학을 사랑하는 사람들이 자연스럽게 모인다. 신간 출간을 기념하는 행사, 지역 작가와 독자들이 직접 만나는 북토크, 어린이를 위한 그림책 낭독회 등 다양한 문화 행사가 진행된다.
서점 한편에는 작은 카페가 있다. 독서를 하다가 잠시 쉬어가며 커피를 마시는 사람들, 친구들과 책에 관해 이야기를 나누는 사람들의 모습이 자연스럽다. 이곳에서는 단순히 책을 사고 읽는 것이 아니라, 책과 함께하는 시간이 소중해 보인다. 서점은 그저 책을 판매하는 공간이 아니라, 사람들이 자연스럽게 모여 이야기를 나누고 문화를 공유하는 장소가 되고 있다.

책을 한 아름 안고 서점을 나서는 순간, 입구에 걸린 문구가 눈길을 끈다. "좋은 서점은 동네와 같다. 계속해서 찾게 되고, 매번 새로운 것을 발견하는 곳이다."

이곳은 단순한 서점이 아니다. 책을 사랑하는 사람들이 모여 새로운 이야기를 발견하고, 책과 함께 시간을 보내며, 다시 찾고 싶은 공간이다.

독립서점이 살아남기 위한 조건

파웰 서점의 운영 방식은 독립서점이 어떻게 살아남을 수 있는지에 대한 중요한 교훈을 제공한다. 무엇보다도 책을 중심으로 한 경험을 제공하는 것이 중요하다. 책을 단순한 판매 상품이 아니라, 사람들의 대화와 감정을 공유하는 매개체로 만들어야 한다. 서점 직원이나 독자들의 추천 후기를 적극적으로 활용하면, 서점이 단순한 판매 공간이 아닌 사람과 사람이 연결되는 곳이 될 수 있다.
커뮤니티 허브의 역할을 강화하는 것도 필요하다. 저자 강연, 독서 모임, 동네 행사를 적극적으로 주최하고, 책을 중심으로 한 문화공간을 조성해야 한다. 책을 사고파는 것이 아니라, 책과 함께 머물고 싶은 공간이 될 때 사람들이 자연스럽게 찾게 된다.
사람들이 다시 찾고 싶은 장소를 만드는 것도 필수다. 단순한 '서점'이 아니라, 사람들이 시간을 보내고 관계를 형성할 수 있는 공간이 되어야 한다. 서점의 가치는 책 판매량이 아니라, 사람들이 이곳에서 경험하는 감동과 연결의 깊이에 달려 있다.

파웰북스에서 만난 한강 작가

파웰 서점은 단순한 독립서점이 아니라 책의 도시다. 세계에서 가장 큰 독립서점이라는 명성을 가진 이곳은 한 번 들어가면 몇 시간이고 빠져들 수 있는 거대한 책의 미로와 같다. 지역 사람들이 쪽지로 책 정보를 나누기도 한다. 한강 작가의 책도 볼 수 있다.

포틀랜드를 방문한다면, 파웰 서점을 꼭 방문해 볼 것을 추천한다. 이곳은 좋은 독립서점이 있는 도시가 얼마나 특별한 곳이 될 수 있는지를 보여준다. 독립서점을 운영하는 사람들에게는 파웰 서점이 하나의 영감을 주는 공간이 되길 바란다. 책이 사람을 연결하고, 서점이 동네를 하나로 묶는 힘을 믿는다면, 독립서점은 언제나 살아남을 것이다.

지역을 상징하는 농구팀 'Rip City'

포틀랜드를 대표하는 유일한 메이저 프로 스포츠팀

포틀랜드 트레일블레이저스는 단순한 농구팀이 아니라, 지역사회의 정체성과 밀접하게 연결된 존재이다. 이들은 'Rip City'라는 별칭으로 불리며, 포틀랜드의 독창적인 문화와 결합한 강한 팬덤을 형성해 왔다. 성적이 최하위권일 때조차도 트레일블레이저스를 향한 지역민들의 지지는 변함이 없다. 이는 팀이 단순한 스포츠 클럽을 넘어 지역의 상징적인 존재로 자리 잡았기 때문이다.

이 팀이 포틀랜드에서 특별한 의미가 있는 이유는, 포틀랜드를 대표하는 유일한 메이저 프로 스포츠팀이기 때문이다. 다른 대도시들은 미식축구 NFL, 야구 MLB, 아이스하키 NHL 등의 다양한 프로 스포츠팀을 보유하고 있지만, 포틀랜드는 오직 트레일블레이저스밖에 없다. 이 팀은 단순한 농구팀을 넘어, 포틀랜드의 정체성을 대표하는 팀이자 지역민들의 자부심이기도 하다.

트레일블레이저스의 이러한 위치는 단순히 프로 스포츠의 차원을 넘어, 포틀랜드의 로컬 문화와도 깊이 연결되어 있다. 포틀랜드는 '우리의 독특함을 잊지 말자!Keep Portland Weird!'라는 슬로건 아래, 대기업보다는 소규모 독립 브랜드, 로컬 상점, 지역 커뮤니티의 가치를 중요하게 여기는 도시이다. 트레일블레이저스는 대도시 팀들처럼 대형 스타 선수들을 영입하는 대신, 자체적으로 선수를 육성하고 팀워크를 중시하는 운영 방식을 유지하며 지역의 문화와 조화를 이루어 왔다. 팬들에게 트레일블레이저스는 성적을 떠나 포틀랜드만의 팀이라는 강한 정체성을 상징하는 존재가 되었다.

이 팀의 강한 지역적 기반은 사회 공헌 활동과 지역 커뮤니티와의 유대감 형성에서도 확인할 수 있다. 트레일블레이저스는 청소년 농구 프로그램을 운영하고, 지역 학교와 협력하며, 지역사회 행사에 적극적으로 참여하고 있다. 선수들과 코치진 또한 지역 행사에 적극적으로 나서며, 팀이 단순한 스포츠 단체를 넘어 포틀랜드의 문화와 공동체를 하나로 연결하는 역할을 하고 있다.

지역과 함께하는 팀의 특징은 경기장에서도 나타난다. 트레일블레이저스의 홈경기장인 모다 센터Moda Center는 팀 성적과 관계없이 대부분 경기에서 높은 관중 점유율을 기록하며, NBA에서도 가장 열정적인 응원 문화를 자랑하는 경기장 중 하나로 평가받는다. 'Rip City'라는 별명처럼, 팬들은 팀이 승리할 때뿐만 아니라 패배할 때도 끊임없이 응원을 보내며, 트레일블레이저스가 포틀랜드 지역사회와 함께하는 문화적 행사로 자리 잡도록 한다.

특히, 데미언 릴라드는 트레일블레이저스 팬들에게 특별한 의미를 지닌 선수였다. 그는 다른 스타 선수들처럼 더 큰 시장으로 떠나는 대신, 포틀랜드에 남아 팀을 위해 헌신하는 모습을 보였다. 그의 헌신적인 태도는 포틀랜드 팬들에게 깊은 감동을 주었으며, 팀이 단순한 승패를 넘어 '우리 팀'이라는 정체성을 더욱 공고히 하는 데 이바지했다.

연고지 스포츠팀과 지역 경제의 공생

트레일블레이저스의 사례는 K리그의 광주FC, 대구FC, 강원 FC 같은 지역 연고 프로팀들에 중요한 교훈을 준다. 수도권 대형 구단과의 경쟁 속에서, 지역 연고 팀들은 단순한 성적 경쟁을 넘어 지역 로컬 커뮤니티와의 관계 형성을 통해 장기적인 팬덤을 구축하는 전략이 필요하다.

K리그 지역 연고 팀들이 트레일블레이저스에서 배울 수 있는 점은 "우리 도시의 유일한 프로팀"이라는 정체성을 강조하는 것이다. 광주, 대구는 프로야구가 강세인 지역이지만, 축구가 중요한 스포츠 콘텐츠로 자리 잡기 위해서는 지역민들에게 더욱 밀착하여 자부심을 심어줄 수 있는 운영 방식이 필요하다. 이를 위해서는 지역 로컬 비즈니스와의 협력을 적극적으로 확대할 필요가 있다.

트레일블레이저스는 경기장과 지역 상권을 연결하는 다양한 프로모션을 통해, 팬과 지역 경제를 함께 활성화하는 전략을 사용한다. 예를 들어, 경기 입장권을 소지한 팬들에게 지역 레스토랑, 카페, 맥주 양조장에서 할인 혜택을 주거나, 반대로 지역 상점에서 일정 금액 이상을 소비하면 경기 할인 입장권을 제공하는 방식이다. K리그 팀들도 이러한 협업을 도입하여, 지역 상권과 경기장을 자연스럽게 연결할 수 있다. 광주FC가 광주지역 맛집과 협력하여 경기 입장권을 제시하면 할인받을 수 있도록 하거나, 경기 당일 특정 음식점을 방문하면 경기 할인 입장권을 제공하는 방식 등이 가능하다.

트레일블레이저스는 지역 로컬 브랜드와 협업하여 특별한 한정판 상품을 출시하는 전략을 사용한다. 포틀랜드 기반의 패션 브랜드, 커피 브랜드, 스니커즈 브랜드와 협업해 트레일블레이저스 한정판 상품을 제작하고, 경기장과 지역 상점에서 판매하는 방식이다. K리그 팀들도 이러한 방식을 적용해, 지역 패션 브랜드, 커피 브랜드, 특산품과 협업하여 한정판 상품을 출시할 수 있다.

경기장 내부에서도 트레일블레이저스는 지역 소상공인을 위한 공간을 마련하여 반짝 매장을 운영한다. 지역 브랜드가 경기장 내에서 직접 제품을 홍보하고 판매할 수 있도록 지원하며, 이를 통해 경기장을 찾은 팬들은 지역 브랜드를 접할 기회를 얻고, 지역 소상공인들은 새로운 고객을 확보할 수 있다. K리그 팀들도 경기장 내외부에서 '로컬 마켓'을 운영하며 지역 소상공인들에게 홍보 기회를 제공할 수 있다.

트레일블레이저스의 사례는 K리그 지역 연고 팀들이 성장하기 위해 단순한 경기 운영을 넘어, 지역 로컬 비즈니스와 협력하여 지역 경제를 활성화하고, 팬들에게 더 깊은 애착을 심어줄 수 있는 방향성을 제시한다.

결국, K리그 지역 연고 팀들이 생존하고 성장하기 위해서는 단순히 경기

포틀랜드 트레일블레이저스의 홈경기장인 모다 센터 내 기념품 가게

포틀랜드를 연고지로 한 농구팀 트레일블레이저스는 유명 선수를 영입하는 대신 지역 선수를 발굴 육성한다. 소규모 독립 브랜드, 로컬 상점과 협업하며, 지역 커뮤니티의 가치를 중요하게 여긴다.

결과에 집중하는 것이 아니라, 팀을 지역 로컬 커뮤니티와 밀착된 존재로 만들고, 지역민들에게 팀의 가치를 각인시키는 활동이 꼭 필요하다. 포틀랜드 트레일블레이저스의 사례는 이를 실천하는 데 있어 강력한 참고가 될 수 있다. 지역의 정체성을 반영한 운영과, 지역민들이 팀을 '우리 동네 팀'으로 느끼게 만드는 전략이 장기적인 성공의 핵심이 될 것이다.

소상공인이 살아야 지역이 산다

포틀랜드 소상공인 지원 전략

골목상권과 전통시장은 한때 지역 경제의 중심 역할을 했지만, 대형 쇼핑몰과 온라인 쇼핑의 확산으로 점점 설 자리를 잃어갔다. 여기에 코로나19 팬데믹까지 겹치면서 소상공인들은 생존을 위협받았고, 팬데믹 이후에도 경제 불황이 지속되면서 지역 소상공인들의 어려움은 더욱 커지고 있다.

특히 광주지역에는 향후 2~3년 이내에 초대형 쇼핑몰 3곳이 개장할 예정이어서, 이는 지역 경제의 핵심인 소상공인들에게 더욱 큰 도전이 될 것으로 예상된다. 이러한 상황에서 지역 경제를 활성화하고 소상공인들을 지원할 방법을 찾는 데 미국 포틀랜드의 'Healthy Business Program'은 모범사례가 될 수 있다.

포틀랜드시는 코로나19 팬데믹 동안 지역 소상공인들이 공공 공간을 활용하여 사업을 지속할 수 있도록 지원하는 정책을 시행했다. 팬데믹으로 인해 실내 영업이 제한되면서 많은 소상공인이 생존 위기에 처했지만, 이 프로그램을 통해 도로, 주차 공간, 공공 광장 등을 활용하여 영업을 지속할 수 있었다. 이 정책은 단순한 단기 지원이 아니라 지역 경제 활성화에 큰 역할을 했다.

이 프로그램의 핵심은 야외 영업 공간을 허용하는 것이다. 시 당국은, 차량 통행이 적은 도로나 기존 주차 공간을 활용해 소상공인들이 야외 테이블을 설치하고, 대기 공간을 마련할 수 있도록 허가해주었다. 이러한 조치는 소상공인들이 영업을 지속하면서도 사회적 거리두기를 유지할 수 있도록 했다. 또한, 허가 절차를 간소화하고 신청료를 줄이거나 면제하는 등 행정적 지원을 강화하여 소상공인들의 부담을 최소화했다.

포틀랜드시는 몇 가지 구체적인 실행 방안을 통해 이 프로그램을 운영했다. 일부 도로를 폐쇄하여 레스토랑과 카페가 야외 테이블을 놓고 운영할 수 있도록 했으며, 커브사이드 픽업 존을 도입하여 고객들이 차에서 내리지 않고도 빠르게 포장 구매 주문을 할 수 있도록 했다. 기존 도로변 주차 공간을 영업 공간으로 전환하여 테이블과 임시 구조물을 설치할 수 있도록 했고, 공공 플라자와 넓은 보행 공간을 활용하여 야외 이벤트와 소상공인들의 판매 활동을 지원했다.

이 프로그램을 통해 소상공인들은 실내 영업이 제한된 상황에서도 매출을 유지할 수 있었고, 일부는 새로운 고객층을 확보하며 사업을 확장할 기회를 얻었다. 또한, 지역 주민들이 가까운 곳에서 안전하게 식사하고 쇼핑할 수 있는 환경을 만들어, 지역 경제와 커뮤니티 활성화를 동시에 이루었다.

이 프로그램은 단순한 위기 대응을 넘어 도시 공간을 창의적으로 활용하는 계기가 되었다. 기존 도로나 주차 공간이 단순한 교통 기능을 수행하는 곳이 아니라, 소상공인과 시민들이 활용할 수 있는 비즈니스 및 커뮤니티 활동의 장으로 전환되었다. 이를 통해 포틀랜드시는 도시 설계의 새로운 모델을 제시했고, 향후 공공 공간을 효율적이고 유연하게 활용할 가능성을 보여주었다.

포틀랜드시는 이 프로그램을 통해 공공 공간이 단순한 인프라가 아니라 지역 경제와 사회적 활동을 촉진하는 중요한 자원이라는 점을 입증했다. 처음에는 팬데믹 대응을 위한 임시 정책으로 시작되었지만, 그 효과가 긍정적으로 평가되면서 일부 정책은 영구적으로 시행되거나 확장하는 방안이 논의되고 있다. 이는 공공 정책이 변화하는 사회적 환경에 적응하고, 도시의 지속 가능성을 높이는 방식으로 발전할 수 있음을 보여주는 사례로 평가된다.

시민 불편을 해소하는 최고의 방법은 협의

포틀랜드시는 도로 개방으로 인해 시민들이 교통 불편을 겪을 수 있다는 점을 사전에 인지하고 있었다. 이에 따라 정책 시행 초기부터 시민들의 반발을 최소화하기 위한 전략을 마련하고 효과적으로 대응해 나갔다.

먼저, 교통량이 많은 주요 도로 대신, 차량 통행이 적은 도로를 우선 선정하여 야외 영업 공간으로 활용했다. 도심 내에서도 차량 이동이 많지 않은 골목길이나 주차 공간을 중심으로 정책을 적용함으로써 시민들의 불편을 최소화했다. 또한, 일방통행 도로를 활용하거나 특정 시간대에만 도로를 개방하는 방식으로 탄력적으로 운영하면서, 차량 흐름에 미치는 영향을 줄였다.

둘째, 도로 공간 축소에 대한 대안으로 대중교통과 대체 교통수단의 접근성을 강화했다. 기존 버스와 경전철 노선을 최적화하여 시민들이 차량을 이용하지 않고도 편리하게 이동할 수 있도록 했다. 자전거 도로를 확장하고 보행자 중심의 인프라를 개선하여 시민들이 차량 없이도 이동할 수 있도록 유도했다. 이는 친환경적인 도시 환경 조성에도 이바지했다.

셋째, 정책 시행 전부터 시민들과 적극적으로 소통하며 추진했다. 정책 시행 전에 공청회와 주민 회의를 열어 시민들의 의견을 듣고, 우려 사항을 분석하여 정책 설계에 반영했다. 또한, 프로그램 시행 후에도 시민들의 피드백을 지속해서 수렴하고, 필요할 경우 도로 사용 계획을 조정하는 등 유연하게 운영했다.

포틀랜드시는 단순히 정책을 일방적으로 시행하는 것이 아니라, 시민들과 협력하면서 점진적으로 조정해 나가는 방식을 선택했다. 그 결과, 소상공인들에게 실질적인 지원을 제공하면서도 시민들의 교통 불편을 최소화할 수 있었으며, 지역 경제 활성화와 도시 환경 개선이라는 두 가지 목표를 동시에 달성할 수 있었다. 이러한 접근 방식은 대한민국 지방 도시에서도 충분히 참고할 만한 사례로 평가된다.

포틀랜드의 대표적인 소상공인 지원정책 중 하나인 야외(도로) 영업 허가

포틀랜드시는 소상공인을 지원하기 위해 일부 도로를 폐쇄하여 레스토랑과 카페가 야외 테이블을 놓고 운영할 수 있도록 했다.

농산물 직거래 시장, 지역을 잇는 신선한 연결고리

대학에도 마켓이 선다

포틀랜드 파머스마켓Portland Farmers Market은 단순한 시장이 아니다. 이곳은 지역 농부와 생산자들이 직접 재배하거나 만든 신선한 농산물과 식자재를 소비자에게 제공하며, 도시 한가운데서 자연과 만날 수 있는 특별한 공간이다.

대표적인 마켓으로는 포틀랜드 주립대학교PSU 파머스 마켓이 있으며, 매주 토요일 오전 8시 30분부터 오후 2시까지 운영되는 가장 큰 규모의 시장이다. 킹 파머스 마켓은 매주 일요일, 켄턴 파머스 마켓은 매주 수요일 오후, 셰만스키 파크 파머스 마켓은 수요일 오전에 열려 다양한 일정 속에서 운영된다.
도시 곳곳에서 약 50개의 파머스 마켓이 운영되어 다양한 장소와 일정 속에서 주민과 방문객들에게 지속해서 신선한 농산물을 제공한다.
단순한 시장이 아니라 지역 경제 및 문화적 요소로 자리 잡고 있으며,

소비자들은 생산자와 직접 만나 신뢰를 형성할 수 있다.

이 마켓은 단순한 농산물 시장이 아니라 지역 커뮤니티의 중심지 역할을
한다. 신선한 과일, 채소, 육류, 유제품, 빵, 꽃을 판매하며, 지역 생산자와
소비자들이 직접 소통할 수 있다. 마켓 곳곳에서는 지역 예술가들의
공연과 다양한 음식 부스가 운영되어 분위기가 활기차다. 자연스럽게
지역 주민들이 모여 교류하는 중요한 장소가 된다.
포틀랜드의 파머스 마켓은 로컬 문화와 지속 가능성을 강조하는 점이
두드러진다. 유기농, 친환경, 비건 제품을 중요하게 여기는 포틀랜드답게,
시장에서도 이러한 가치를 반영한 상품을 쉽게 찾아볼 수 있다. 이는 지역
생산자를 지원하고 친환경적인 소비를 장려하는 역할을 한다.

포틀랜드 파머스 마켓을 방문했을 때, 가장 먼저 느낀 것은 활기와
여유로움이 공존하는 분위기였다. 장을 보러 나온 지역 주민들, 다양한
먹거리를 즐기는 관광객들, 직접 농산물을 소개하는 생산자들이
어우러지며 시장이 하나의 커뮤니티처럼 운영되고 있었다.

시와 시장 협회의 지원 활성화

포틀랜드 파머스 마켓은 비영리단체인 포틀랜드 파머스마켓협회
Portland Farmers Market Association에서 운영하며, 포틀랜드시는 이를 다양한
방식으로 지원하고 있다.
포틀랜드시는 마켓이 열리는 공공장소를 제공하고, 원활한 운영을 위한
정책 및 인프라를 지원한다. 예를 들어, PSU 캠퍼스 내 마켓은 시와 대학

간 협력을 통해 이루어진다. 또한, 인허가 절차를 간소화해 생산자와 판매자들이 쉽게 참여할 수 있도록 돕고, 관광 명소로서 마켓을 홍보하여 방문객 유치를 지원한다.

포틀랜드 파머스 마켓 협회는 시장을 운영할 뿐만 아니라 지역 생산자와 소비자를 연결하는 플랫폼 역할을 한다. 200개 이상의 농장, 유제품 생산자, 빵집, 육류 및 해산물 공급업체, 치즈 제조업체 등과 협력하여 신선하고 다양한 농산물을 제공하며, 교육 프로그램과 이벤트를 통해 지속가능한 로컬 푸드 시스템을 구축하는 데 이바지한다.

시장에서 가장 인상 깊었던 점은 판매자들이 자신의 제품에 대한 자부심이 있다는 것이었다. 한 농부는 자신이 기른 유기농 채소에 관해 설명하며 어떤 요리에 잘 어울리는지까지 세세하게 추천해 주었다. 빵을 판매하는 가게에서는 가족 대대로 내려온 요리법을 활용해 구운 빵을 시식해볼 수 있도록 했다. 단순한 거래를 넘어, 생산자와 소비자 간의 진정한 소통이 이루어지는 공간이라는 느낌이 들었다.

이곳에서 맛본 로컬 치즈와 갓 구운 빵은 그 맛도 훌륭했지만, 무엇보다 이 음식을 만든 사람들의 이야기를 듣고 나니 더 특별하게 느껴졌다. 무엇보다 포틀랜드 파머스 마켓은 지역 주민들에게는 일상의 일부이고, 여행자들에게는 현지 문화를 경험할 수 있는 창구라는 점에서 매력적인 공간이었다. 사람들은 장을 보러 마켓을 찾지만, 커피 한 잔을 들고 천천히 시장을 거닐며 자연스럽게 이야기 나누는 것을 더 좋아하는 듯 보였다. 포틀랜드를 방문할 계획이라면, 이 마켓에 들러 현지의 맛과 문화를 직접 경험해보길 추천한다. 신선한 농산물을 구매하는 동시에, 지역 생산자들과 교류하며 로컬 푸드의 가치를 체험할 수 있는 특별한 시간이 될 것이다.

포틀랜드 파머스마켓

포틀랜드 파머스 마켓은 단순한 농산물 시장이 아니다. 지역 커뮤니티의 중심지다. 신선한 과일, 채소, 육류, 유제품, 빵, 꽃을 판매하며, 지역 생산자와 소비자들이 직접 소통할 수 있다. 농가의 소소한 저녁 요리법이 이웃에게 퍼지는 곳이기도 하다.

자원 재활용과 공유의 상징 재건축센터

지속가능한 도시 모델

포틀랜드는 환경 보호와 지속 가능성을 중시하는 도시로 잘 알려져 있다. 그중에서도 포틀랜드 리빌딩센터The ReBuilding Center는 단순한 중고 건축 자재 판매점을 넘어, 자원의 순환을 촉진하고 지역사회에 이바지하는 대표적인 공간이다.

이곳은 불필요한 건축 자재를 폐기하는 대신 재활용하고, 시민들에게 DIYDo It Yourself문화를 확산시키며, 취약계층에 일자리와 교육 기회를 제공하는 등 지속가능한 도시 모델의 모범사례로 평가받는다.

광주에서도 비슷한 철학을 바탕으로 자원의 공유와 순환을 실천하는 광주재능기부센터와 공자가게광주공유자원순환가게를 설립하고 운영해 본 나로서는 포틀랜드 리빌딩센터를 꼭 한 번 방문해 보고 싶었고, 실제로 이곳에서 큰 감동과 영감을 받을 수 있었다.

지역 경제가 어려워지면서 소상공인의 폐업이 증가하고, 동시에 많은 건축 및 인테리어 자재들이 폐기물로 버려지는 안타까운 현실을 보며 이를 다시 활용할 방법을 고민하던 차였다.

센터에 들어서자마자 가장 먼저 눈에 띈 것은 방대한 규모의 중고 건축 자재들이었다. 건설 현장에서 남은 자투리 나무 판재, 창문, 문짝뿐만 아니라, 싱크대, 가구, 조명 기구까지, 철거 과정에서 폐기될 물건들이 체계적으로 정리되어 있었다. 각 제품에는 가격이 책정되어 있어 누구나 쉽게 구매할 수 있었다.

직접 방문해 본 리빌딩센터는 '버려진 것에서 새로운 가치를 찾는 공간'이라는 표현이 가장 잘 어울렸다. 단순히 중고 제품을 저렴하게 판매하는 것이 아니라, 자재들이 새로운 용도로 재탄생하는 과정이 곳곳에서 펼쳐졌다. 한쪽 코너에는 사용된 나무 문짝이 테이블로 변신한 아이디어 제품이 전시되어 있었고, 해체된 캐비닛이 새로운 수납장으로 활용되는 모습도 보였다.

교육과 커뮤니티를 위한 허브

리빌딩센터는 단순히 중고 자재를 사고파는 행위를 넘어, 자원 순환의 중요성을 시민들이 직접 경험할 수 있도록 다양한 교육 프로그램을 운영하고 있었다. 목공 수업, DIY 워크숍, 건축 해체 기술 교육 등 다양한 프로그램이 마련되어 있으며, 시민들은 단순한 소비자가 아니라 직접 배우고, 만들고, 경험하는 참여자가 될 수 있다.

이곳에서는 자원봉사자들의 역할도 중요하다. 직원들과 자원봉사자들이 함께 자재를 분류하고 정리하는 모습을 곳곳에서 볼 수 있었으며, 많은 사람이 센터 운영에 적극적으로 참여하고 있었다. 특히 사회적 약자들에게 일자리와 교육 기회를 제공하는 점이 돋보였다. 여성, 장애인,

유색인종, 저소득층 등 사회적 취약계층을 위한 일자리 창출 프로그램이 운영되고 있으며, 이를 통해 경제적 자립을 돕고 있다.

리빌딩센터의 운영 방식에서 가장 인상적이었던 것은 건축 폐기물을 줄이는 동시에 지역사회에 이바지하는 방식이었다. 일반적으로 건축 폐기물은 매립되거나 소각되는 경우가 많지만, 이곳에서는 철거된 자재들을 최대한 재사용하여 환경 부담을 줄이고 있었다. 또한, 기부받은 자재 중 일부는 지역 비영리단체나 도움이 필요한 가정에 무상으로 제공되기도 했다.

특히, 커뮤니티 프로젝트의 하나로 노숙자를 위한 주거 공간을 만드는 활동이 눈길을 끌었다. 리빌딩센터에서 제공한 자재들은 작은 이동식 주택을 만드는 데 사용되었고, 이는 단순한 기부를 넘어 자원을 활용한 실질적인 해결책이 되고 있었다.

건축 폐기물을 줄이고 지역사회에 이바지하는 운영 방식

포틀랜드 리빌딩센터의 모델은 광주재능기부센터와 공자가게와도 철학적으로 연결될 수 있다. 광주재능기부센터는 인적 자원을 중심으로 하는 재능기부와 유휴 공간, 차량 등을 공유하여 활용도를 높이며, 지역 주민들이 공동체 속에서 지속가능한 생활 문화를 실천하도록 돕는 플랫폼이다.

또한, 공자가게는 가정이나 업소 등에서 불필요한 물품을 그냥 버리지 않고 공유하고 재활용함으로써 경제적 부담을 줄이고, 협업을 통해 지속가능한 경제 모델을 구축하는 프로젝트다. 포틀랜드 리빌딩센터가 건축 자재의 재사용을 중심으로 운영된다면, 광주재능기부센터는

포틀랜드 리빌딩센터

리빌딩센터는 단순히 중고 건축 자재 거래를 넘어 자원 순환의 중요성을 시민들이 직접 경험할 수 있도록 다양한 교육 프로그램을 운영한다. 리빌딩센터 탐방은 '지속가능한 도시'란 무엇인가에 대한 깊은 고민을 하게 만들었다.

사람과 유휴 공간 공유, 공자가게는 물품 공유를 통한 재활용을 중심으로 운영된다. 하지만 세 모델 모두 '공유와 재사용을 통한 지속 가능성'을 목표로 한다는 점에서 공통점을 가진다.

공자가게는 기존 물품과 자원의 공유를 중심으로 운영되고 있지만, 각 지자체 차원에서도 리빌딩센터처럼 자원의 재사용과 재활용 개념을 접목하는 방향으로 확장할 필요가 있다. 예를 들어, 광주 내에서 철거되는 건축물에서 재사용할 수 있는 자재를 수거하고 이를 필요한 소상공인이나 공익적 프로젝트에 제공하는 시스템을 도입한다면, 공유와 재활용이 결합한 새로운 모델로 발전할 수 있을 것이다.

리빌딩센터 탐방은 '지속가능한 도시'란 무엇인가에 대한 깊은 고민을 하게 만들었다. 자원을 재활용하는 방식, 사회적 약자를 돕는 일자리 창출, 그리고 커뮤니티가 함께 성장하는 구조까지. 이곳은 단순한 재활용 공간이 아니라 도시가 지속가능한 방식으로 발전할 수 있는 모델을 보여주고 있었다.

포틀랜드 리빌딩센터는 자원 재활용을 통해 환경을 보호하고, 지역 경제를 활성화하며, 지역 주민들이 협력하는 지속가능한 도시 모델을 구축하고 있다. 앞으로 우리나라에서도 다양한 형태의 자원 재활용 및 공유 경제 모델들이 개발되어 지속가능한 도시 모델을 발전시켜 나가야 할 것이다.

'지역 상품 우선' 외치는 뉴시즌스 마켓

중소기업 지원 지역 플랫폼

포틀랜드는 친환경적이고 지역 중심적인 경제 모델을 지향하는 도시로 유명하다. 그중에서도 뉴시즌스 마켓 New Seasons Market은 월마트 등 대기업 유통사들에 의한 지역자본의 외부 유출을 막기 위해 만들어진, 단순한 식료품점이 아니라, 지역 경제와 환경 보호, 커뮤니티 활성화를 동시에 실천하는 공간이다.

이곳은 대형 유통망이 아니라, 지역 농부와 소규모 생산자들의 제품을 소비자와 직접 연결하는 플랫폼 역할을 한다. 이를 통해 지역 경제를 활성화하고, 소비자들에게 신선하고 건강한 먹거리를 제공한다.

매장에 들어서자마자 가장 먼저 눈에 띄는 것은 지역 농산물과 현지에서 생산된 제품들이었다. 대형 할인점에서 흔히 볼 수 있는 전국적인 브랜드 제품도 일부 판매했지만, 뉴시즌스 마켓은 지역 농부들과 직접 협력하여 공급망을 형성하고 있었다. 소규모 유기농 농장에서 지속가능한 방식으로 생산한 농산물을 우선 취급한다. 과일, 채소, 유제품, 육류, 해산물을 신선하고 환경친화적인 방식으로 생산해 공급해서 인기가 높다.

뉴시즌스 마켓은 '로컬 퍼스트 Local First'라는 정책을 강조하며, 포틀랜드나 오리건주 내에서 생산한 제품을 우선 취급한다. 이를 통해 지역 소상공인과 농부들의 안정적인 판로를 확보해주며, 지역 경제가 대기업 중심의 유통 구조에 종속되지 않도록 하고 있다. 이러한 방식은 지역 내 생산과 소비의 연결을 강화하고, 로컬 경제가 지속해서 순환할 수 있는 기반이다.

뉴시즌스 마켓의 직원 운영 방식이 특이하다. 뉴시즌스 마켓은 직원들에게 생활 임금을 보장하고, 의료보험과 복지 혜택을 제공하며, 기업과 직원 간의 신뢰 관계를 구축하는 데 힘쓰고 있다. 이러한 운영 방식은 직원들의 근무 환경을 안정적으로 만들고, 서비스의 질을 높이는 데 기여하고 있다.

이곳은 단순한 슈퍼마켓 체인을 넘어 지역 경제와 커뮤니티에 이바지하는 임무를 수행한다. 소규모 생산자들에게 안정적인 판로를 제공하고, 지역 주민들이 지속가능한 소비문화를 형성할 수 있도록 돕는다. 대형 유통망에서는 중소 생산자들이 입점하기 어렵지만, 뉴시즌스 마켓은 포틀랜드와 그 주변의 농부, 양조업자, 베이커리, 장인 치즈 생산자 등과 직접 협력하며 그들의 상품이 소비자들에게 도달할 수 있도록 돕는다.

환경 보호를 위한 노력도 인상적이었다. 뉴시즌스 마켓은 포장재 사용을 최소화하고, 지속가능한 방식의 제품을 우선 선택하는 방식을 고수한다.

매장에서 제공하는 비닐봉지는 대부분 퇴비화가 가능한 친환경 소재로 만들어졌으며, 소비자들이 직접 용기를 가져와 음식 재료를 담아 갈 수 있도록 '쓰레기 최소화Zero Waste' 시스템을 도입하고 있다. 이러한 운영 방식은 지속가능한 소비문화를 장려하고, 환경 보호에 이바지하는 동시에 소비자들에게 친환경적인 쇼핑 경험을 제공한다.

비즈니스와 지역사회 함께 발전하는 시스템

뉴시즌스 마켓과 유사한 사례는 세계 여러 곳에서 찾아볼 수 있다. 우선 우리나라의 경우 각 농협에서 운영하는 로컬 푸드 매장과 광주 남구, 세종시가 운영하는 로컬 푸드 매장들이 있다. 대부분 활발하게 운영되고 있지만 아직은 절대적으로 적은 수의 판매장이 운영 중이어서 판로 확보를 원하는 대다수 소규모 농업인에게는 아쉬움을 주고 있다.
영국의 '팜숍Farm Shop' 모델은 지역 농장에서 직접 생산한 신선한 농산물과 가공품을 소비자들에게 제공하는 방식으로 운영된다. 뉴시즌스 마켓처럼 지역 농부들에게 안정적인 판매 채널을 제공하며, 지속가능한 농업을 지원하는 철학을 공유하고 있다.
미국의 홀푸드 마켓Whole Foods Market은 전국적인 유기농 및 친환경 제품을 취급하는 대형 체인이다. 반면에 뉴시즌스 마켓은 지역 밀착형 비즈니스 모델을 유지하며 대형화보다는 지역 중심의 유통 구조를 유지하는 데 초점을 맞추고 있다.
프랑스의 '라 루시 키 디O La Ruche Qui Dit Oui' 모델 역시 지역 농부들이 직접 소비자들에게 제품을 공급할 수 있도록 돕는 온라인 기반의 지역 농산물 직거래 플랫폼으로, 뉴시즌스 마켓과 유사한 철학을 가지고 있다.

활성화되어 있는 뉴시즌스 마켓의 운영 방식은 많은 시사점을 보여준다. 지역 기반의 협동조합형 마켓을 확대하고, 지역에서 생산된 제품이 같은 지역 내에서 소비될 수 있도록 하는 로컬 푸드 시스템 플랫폼을 더 다양하게 구축한다면, 생산자와 소비자가 상생하며 지역 경제가 더욱 활성화할 수 있다. 또한, 도시와 농촌 간의 연계를 강화하여 관광과 체험으로 확장해 생활인구의 증가에도 큰 도움을 줄 것으로 기대된다. 뉴시즌스 마켓은 단순한 상업 공간이 아니라, 지역 경제를 살리고, 친환경 소비를 장려하며, 커뮤니티를 활성화하는 플랫폼 역할을 하고 있었다. 지역 농부들과 직접 협력하고, 친환경적인 생산 방식을 지원하며, 직원들에게도 공정한 대우를 보장하는 등 '비즈니스와 지역사회가 함께 성장하는 모델'을 실현하고 있었다. 앞으로 더욱 많은 지역에서 이러한 로컬 중심의 비즈니스 모델이 확산되기를 기대해 본다.

뉴시즌스마켓

뉴시즌스 마켓은 지역 경제와 환경 보호, 커뮤니티 활성화를 동시에 실천하는 공간이다. 대형 유통망을 통한 상품 유통이 아닌, 지역 농부와 소규모 생산자들의 제품을 소비자와 직접 연결하는 플랫폼 역할을 한다.

포틀랜드 사례를 통해 본 '소상공인 지원정책' 방향

골목상권의 주인공들

상시 종업원 5인 이내의 사업자를 소상공인 혹은 스몰 비즈니스 사업자라고 부른다. 이들 대부분은 골목상권을 중심으로 우리의 이웃들에게 제품을 판매하고 서비스를 제공한다. 소상공인들은 다양한 분야에서 창업도 많지만 그만큼 실패율도 높다.
광주광역시의 상시고용인 5인 이내의 소상공인은 전체 산업체 19만85개의 약 94.2%를 차지하고, 종사자 수도 23만6,680명으로, 지역에서 큰 비중을 차지하고 있다. 그런데도 창업과 폐업이 빈번하게 이뤄진다. 사업체 규모가 작아서 지역에서 저평가하고 있는 것이 아닌가 생각된다. 최근에는 연말 특수를 누리기도 전에 터진 느닷없는 비상계엄 사태, 불의의 제주항공사고로 최악의 불경기를 맞이하고 있다.

이런 상황에서 '소상공인의 천국'이라고 알려진 미국 오리건주 포틀랜드를 큰 기대를 하고 방문했다. 먼저 포틀랜드의 표어인 '우리의 독특함을 잊지 말자!Keep Portland Weird!'는 지역의 독특하고 자유분방한 문화를 상징하는 구호이다. 이는 대기업화와 획일화에 대한 반발로 포틀랜드 특유의 개성과 다양성을 인정하며, 도시가 가진 창의적이고 독창적인 고유의 정체성을 유지하자는 의지를 담고 있다.

포틀랜드에는 세계 최대 독립서점인 파웰 서점Powell's City of Books, 디저트 가게로 유명한 부두 도넛Voodoo Doughnut, 소규모 양조장, 푸드트럭, 빈티지 상점, 고양이 카페 같은 독특한 상점들이 많아 독창적인 도시 풍경을 만들고 있다. 또한 울창한 숲과 공원으로 둘러싸여 있고, 도시 자체가 친환경적이고 지속 가능성을 중시하여 미국에서 가장 높은 야외 활동지수를 나타내고 있다. 나이키와 콜롬비아 스포츠 본사가 이곳에 자리 잡은 이유이기도 하다.

정책이 도와줘야 골목이 산다

포틀랜드시의 상징적인 소상공인 지원정책인 'Healthy Business Program'은 매우 독특하다. 포틀랜드시는 코로나19로 인한 실내 영업 제한으로 큰 타격을 입는 지역 소상공인들에게 공공 도로나 주차 공간 등 야외 공간을 활용해 사업을 운영할 수 있도록 지원하는 프로그램을 시행했다. 차량 통행이 적은 도로를 폐쇄하거나 일부 도로는 일방통행으로 바꾸어 레스토랑, 카페가 테이블을 놓고 서비스를 제공할 수 있도록 허용했다.
또한 고객이 소매점이나 레스토랑에서 간편하게 물건을 픽업할 수 있도록 커브사이드 픽업 존Curbside Pick-Up Zones을 운영했다. 도로변 주차 공간을 야외 영업 공간으로 전환해 테이블, 의자, 임시 가설물을 설치·활용했으며 공공 플라자나 넓은 보행로를 야외 이벤트와 판매 활동에 사용할 수 있도록 지원했다.

이런 파격적인 정책적 지원으로 실내 영업이 어려운 상황에서도 야외 공간을 활용해 매출을 유지하고 생존 가능성을 높였다. 주민들이 가까운 지역에서 안전하게 식사하거나 물건을 구매할 수 있어, 지역 경제와 커뮤니티 활성화에 크게 이바지했다.

포틀랜드시는 이러한 혁신적인 공공 공간 사용 모델을 제시함으로써 도시 자원의 새로운 활용 가능성을 실험하며, 더 나은 도시 설계에 영감을 줬다. 이러한 사례는 위기 상황에서 도시와 소상공인이 협력하여 창의적으로 문제를 해결한 성공적인 모델로 평가된다.

한국 지자체들도 이러한 혁신적 접근을 참고해 공공 공간의 유연한 활용과 간소한 행정 절차를 통해 지역 경제의 실핏줄이라고 할 수 있는 소상공인들이 어려운 시기를 극복할 수 있도록 지원하는 방안을 적극적으로 도입해야 한다고 생각한다.

우리나라는 소상공인을 지원하는 예산이 수반된 다양한 정책을 수립하여 지원하고 있다. 하지만 한정적인 정부예산은 소상공인을 위한 자그마한 심폐소생술에 불과하다. 죽어버린 상권과 소상공인들을 지속해서 살릴 수 있을 것인가 하는 회의감은 다들 느끼고 있을 것이다.

지역 소상공인을 활성화하기 위해서 중앙정부의 다양한 정책적 지원과 더불어 지자체에서는 소상공인 활성화를 지역사회 문제로 확대하고 혁신적인 공공지원을 펼쳐야 할 때다. 앞서 설명했듯이 소상공인은

부두도넛

포틀랜드에는 디저트 가게로 유명한 부두 도넛, 소규모 양조장, 푸드트럭, 빈티지 상점, 고양이 카페 같은 독특한 상점들이 많아 독창적인 도시 풍경을 이룬다. 포틀랜드시의 소상공인을 위한 지원정책이 골목 상권을 키운다.

지역민에게 골목에서 제품과 서비스를 제공하고 있어서 고령화, 인구소멸과 소상공인 활성화를 동일선상에서 바라봐야 하지 않을까 조심스럽게 생각해 본다.

추천사
희망의 씨앗은 지역에 있다는 말에 공감

정진욱 국회의원

광주 동남갑 정진욱 국회의원입니다.
지역의 인재들이 "창업을 통해 살길을 모색해야 한다"는 지론을 설파한 광주창조경제혁신센터 하상용 대표님의 역저 『로컬의 힘, 지역경제를 바꾸다』 출간을 진심으로 축하드립니다.
이 책에는 하상용 대표께서 후배 기업인들과 함께 지역발전을 위해 함께 나누고자 하는 진심이 가득 담겨 있습니다. 광주 창업 생태계의 산증인이자 선배 기업인으로서 구절구절마다 애정 어린 조언을 내놓아 읽는 이로 하여금 깊은 공감과 용기를 북돋아 줍니다.
이재명 국민주권정부는 대한민국의 미래를 지역 균형 발전에서 찾고 있습니다. 희망의 씨앗은 바로 우리 지역에 있고, 청년들에게 있습니다.
『로컬의 힘, 지역경제를 바꾸다』는 지역 창업이 단순한 경제활동을 넘어 혁신적인 미래동력임을 차분하게 제시합니다. 어떤 이론보다 더

강렬한 메시지를 전달하고 있습니다. 빅마트의 도전, 제주 우무솝, 광주 팩토리노멀 등 작지만 강한 열정을 품은 이들의 성공 스토리는 주변의 평범한 사람들에게 무한한 가능성과 희망을 일깨워 줍니다.

이 책이 지역의 미래를 위한 통찰과 전략을 제시하며, 지역 창업 생태계의 발전에 활력을 불어넣을 것이라고 확신합니다.

중소벤처기업이 좌절하지 않고 다시 도약할 수 있도록 정책적 지원에 더욱 힘쓰는 계기가 될 것입니다. 더 많은 사람이 지역에서 희망을 찾고, 함께 힘차게 미래를 만들어 나가기를 기대합니다.

추천사
지역의 새로운 가치 발견과 희망찬 미래 설계서

안도걸 국회의원

하상용 대표님의 『로컬의 힘, 지역경제를 바꾸다』를 읽으며 대한민국의 밝은 미래를 보았습니다. 이 책은 지역 창업의 성공 사례를 넘어, 지역이 가진 잠재력과 그 안에서 새로운 가치를 창출하는 혁신적인 통찰을 제시합니다. 제가 기획재정부 장관으로서 대한민국의 재정 건전성과 지속 가능한 발전을 고민하고, 현재 국회의원으로서 국가의 균형 발전을 위한 정책을 수립하며 느꼈던 중요한 가치들이 이 책에 고스란히 담겨 있습니다.

하 대표님은 이 책에서 왜 지역에서 창업해야 하는지에 대한 본질적인 질문을 던지며, 그 안에 숨겨진 무한한 가능성을 설득력 있게 풀어냅니다. '지역 균형 발전을 위한 지역 창업의 필요성'과 '시장은 지역에 있다'는 주장은 제가 오랫동안 강조해온 지역 활성화의 핵심입니다. 지역이 단순한 소비지가 아닌, 새로운 시장과 기회의 보고임을 명확히 보여줍니다.

특히 광주창조경제혁신센터의 성공적인 역할과 하 대표님의 헌신적인 노력이 빛을 발합니다. '광주에서의 창업, 성공할 수 있다!'는 자신감과 '광주 창업 생태계의 유니콘 산실, 스테이-지(STA-G)' 이야기는 지역 거점 혁신 기관의 중요성을 여실히 보여줍니다. 정부와 지자체의 창업 지원 사업이 실제 코스닥 상장으로 이어지는 과정은 제가 늘 강조해온 '민간 주도 혁신 성장'의 모범 사례이며, 공공 지원의 효과적인 역할 모델을 제시합니다.

또한, 빅마트 경영기를 읽으며, 하 대표님의 경영 철학과 지역 상생에 대한 깊은 고민에 감탄했습니다. '지역민들의 가처분소득을 높이자'는 비전은 제가 재정 정책을 통해 이루고자 했던 목표와 맞닿아 있습니다. '소사장제(PC, Profit Center) 경영'과 '사랑의 절임 배추 1만 포기, 나눔의 김장'과 같은 이야기는 단순히 이윤을 넘어 지역사회와 함께 성장하려는 기업가 정신을 보여줍니다. 이는 대형 쇼핑몰에 맞서 지역 상인의 생존 전략을 모색하는 동시에, 지역 경제의 선순환 구조를 만들어낸 뛰어난 리더십의 증거입니다.

마지막으로 포틀랜드의 정책 혁신 사례는 지역 특성을 살린 정책 혁신이 어떻게 도시를 변화시킬 수 있는지를 보여주는 훌륭한 본보기입니다. '기묘한 개성이 지역을 살린다'는 하 대표님의 주장은 제가 국회에서 논의하는 지역 활성화 정책에 중요한 시사점을 던져줍니다. 파웰 서점, Rip City 농구팀, 파머스 마켓 등 포틀랜드의 다양한 사례를 통해 지역 상품 우선 정책과 소상공인 지원의 중요성을 다시금 깨달았습니다.

하상용 대표님의 『로컬의 힘, 지역경제를 바꾸다』는 지역 창업을 꿈꾸는 이들에게는 실질적인 지침서가 될 것이며, 대한민국의 균형 발전을 고민하는 모든 이들에게는 깊은 영감과 통찰을 선사할 것입니다. 이 책을 통해 더 많은 이들이 지역에서 새로운 가치를 발견하고, 그 속에서 희망찬 미래를 만들어 가기를 진심으로 바랍니다.

추천사
지역과 지역 사람을 살리는 마중물

고영하 전 한국엔젤투자협회 회장

지역의 창업은 결코 지방만의 문제가 아닙니다. 지역의 창업은 곧 대한민국의 미래입니다. 20년 넘게 스타트업 생태계의 현장을 지켜본 저에게도, "지역에서 창업이 가능한가? 성공할 수 있을까?"라는 질문은 여전히 무겁고 도전적입니다. 수도권에 인프라와 자본이 집중된 현실 속에서, 지역에서 창업에 성공한 사례는 그 자체로 귀하고 의미 있는 성취입니다. 하상용 대표의 여정은 바로 그 가능성을 증명하는 살아있는 이야기입니다.
하상용 대표는 실패를 두려워하지 않았습니다. 한강 이남 지역 최초로 창고형 대형할인점인 빅마트로 큰 성공을 이루고 또 쓰라린 실패를 경험했지만, 다시 지역으로 돌아와 창업가를 돕는 일을 시작했습니다. 광주창조경제혁신센터의 대표이사로서 그는 단순히 지원사업을 운영하는 관리자가 아닌, 직접 현장에서 땀 흘리는 '동행자'의 길을

걸었습니다. 그가 함께 만든 창업스쿨, 스타트업 투자 연계, 청년
창업자의 글로벌 진출 사례는 '지역 창업도 해볼 만하다'는 믿음을
심어주기에 충분합니다.
저는 TIPS 프로그램을 설계하면서 늘 이런 생각을 했습니다.
"자본보다 더 중요한 것은 사람이고, 기술보다 더 중요한 것은 철학이다."
하상용 대표가 지역에서 실천해 온 창업 생태계 구축 노력은 단순히
물리적 공간이나 지원금 조성에 그치지 않습니다. 그는 지역의 인재를
발굴하고, 실패한 창업가의 손을 다시 잡아주고, 서로 돕는 연대의 가치를
심었습니다. 그가 강조하는 '창업 네트워크'는 단순한 인맥이 아니라,
함께 버티고 함께 성장하는 공동체의 모습입니다.
이번 자서전 『로컬의 힘, 지역경제를 바꾸다』는 단순한 성공담이
아닙니다. 이는 대한민국의 창업 생태계가 어디로 나아가야 하는지에
대한 방향 제시입니다. 지역의 붕괴는 곧 국가의 붕괴로 이어진다는
경고는 이미 곳곳에서 현실이 되고 있습니다. 청년들은 서울로 떠나고,
소상공인은 문을 닫고, 지역 대학은 텅 비어갑니다. 이 위기 속에서
'지역에서 다시 시작하자'는 하상용 대표의 목소리는 간절하면서도
희망을 품고 있습니다.
이 책에는 빅마트 시절의 실패와 그 이후의 고민, 광주 창업 생태계에서의
실험, 실버산업특구와 같은 지역 맞춤형 정책 구상, 그리고 미국
포틀랜드에서 배운 로컬정책 혁신까지—현장의 땀과 사유가 녹아
있습니다. 특히 각 지역의 창업 사례들은 단순한 통계가 아니라, 변화의
가능성과 미래의 단서입니다.
저는 이 책이 다음 세대 창업가들에게 좋은 나침반이 되리라 믿습니다.
특히 수도권 중심의 시야를 벗어나야 한다고 생각하는 정책 담당자, 창업
지원 기관, 그리고 예비 창업자들에게 일독을 권합니다.

하상용 대표는 이제 다시 도전의 길에 서 있습니다. 그는 단지 한 명의 창업자가 아니라, 지역을 살리고 사람을 키우는 마중물 같은 존재입니다. 이 책이 그의 다음 여정을 더욱 빛나게 하고, 더 많은 지역 혁신가들에게 영감을 줄 것이라 확신합니다.

추천사
지역 창업가 육성 경험과 노하우 전달

임정욱 중소벤처기업부 실장

하상용 대표는 한국 지역 창업 생태계 활성화를 위한 열정이 한국 으뜸인 분입니다. 이 책은 본인의 빅마트 창업 경험과 함께 광주창조경제혁신센터 대표로서 5년째 지역 창업가를 육성하면서 쌓은 경험과 노하우를 술술 풀어놓은 책입니다.
이 책을 통해 왜 수도권이 아닌 지역에서 창업해야 하는지, 지역에 어떤 기회가 있는지 알 수 있습니다. 또, 지역에서 창업가들이 이용할 수 있는 정부와 지자체의 많은 창업 지원 프로그램과 유익한 창업 커뮤니티, 창업 교육 프로그램에 관해서 광주의 사례를 중심으로 소개합니다. 그리고 본인의 빅마켓 창업 스토리부터 시작해서 많은 지역 창업의 성공 사례를 생생하게 전합니다.
지역에서의 창업이나 지역 창업 생태계 활성화에 관심이 있는 분들에게 일독을 권합니다.

돋보기

톺아보고 크게 보는 출판사
돋보기의 톺아보는 책

지역 창업 멘토 하상용의
로컬의 힘, 지역경제를 바꾸다

2025년 6월 24일 1판 1쇄 찍음
2025년 6월 28일 1판 1쇄 펴냄

지은이.	하상용
펴낸이.	이성수
디자인.	민순규
펴낸곳.	돋보기
등록번호.	(979-11) 98492
주소.	경기도 구리시 건원대로99번길 99 성윤빌딩 3층
전화.	031-568-7577, 010-9877-7567
팩스.	031-568-7577

© 하상용. 2025

이 책 내용의 전부 또는 일부를 재사용하려면 반드시
지은이와 돋보기 출판사 양측의 동의를 받아야 합니다.

ISBN   979-11-958492-7-7